나는
좋은 습관입니다

옮긴이 박종규

연세대 영문학과를 졸업하였고,
현재는 번역가로 활동중이다.
주요 번역서로는 『말콤 엑스』『자신을 위한 인생을 사는 사람이 성공하는
10가지 방법』『빛나는 삶을 사는 여성들의 7가지 비결』 등이 있다.

나는 좋은 습관입니다

지은이 / 존 토드
옮긴이 / 박종규

개정판 1쇄 발행일 / 2012년 10월 10일

펴낸곳 / 기원전 출판사
펴낸이 / 정태경
출판 등록 / 제 22-495호
주소 / 서울시 송파구 풍납동 508번지 한강극동아파트상가 304호
전화 / 488-0468
팩스 / 470-3759
전자우편 / giwonjon@hanmail.net
ISBN 978-89-86408-64-5 03320

* 값은 뒷표지에 있습니다.

Todd's student's Manual Self-Improvement

나는
'좋은 습관'입니다

존 토드 지음 | 박종규 옮김

．
．
．

나를 변화시키는
73가지 좋은 습관

기원전

CONTENTS

3 나를 바꾸는 **공부 방법**

7 나를 바꾸는 **건강 비결**

미리 계획을 세워 놓고 일을 하면,
순조롭게 일이 잘 진행된다.
강 폭 가득히 물을 채워
바다로 흘려 보내는 강일수록
흐름은 깊고 조용하다.

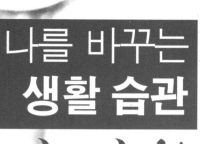

나를 바꾸는
생활 습관

habit

1

1

처음부터 올바른 습관을 들여라

모든 사람에게는 일정한 습관이 있다. 가령, 시간 활용법이라든가 일을 처리하는 방법, 사고방식이나 감정에 있어 자신만의 어떤 특정한 패턴이 생기기 마련이다. 그것은 좋은 습관이건 나쁜 습관이건 마침내 그 사람의 일부, 이른바 제2의 천성이 된다.

예컨대, 어떤 죄로 인해 평생 쇠고랑을 목에 걸거나 혹은 발목에 쇠사슬이 채워진 채 살아간다고 치자. 목숨이 붙어 있는 한, 그것이 무거운 짐으로 느껴지지 않는 순간은 없을 것이다. 아침에 눈을 뜨면서부터 쇠사슬에 시달리다가 밤이면 그 무게 때문에 녹초가 되어 잠자리에 들 것이다. 그리고 그 무거운 짐으로부터 벗어날 수 없다는 절망감에 신음소리는 점점 커질 것이다.

그러나 아무리 그렇더라도 이미 몸에 굳어진 습관만큼 참기 어렵지는 않을 것이며, 또 그 정도로 제거하기가 어렵지도 않다.

사람의 됨됨이란 그 사람이 갖고 있는 여러 가지 '습관'을 말하며, 습관은 쉽게 몸에 배어 버린다. 특히 나쁜 습관일수록 더욱 그러하다. 대수롭지 않게 생각했던 버릇이 곧 굳어져서 굵은 밧줄에 꽁꽁 묶이듯 얽매이게 된다. 알다시피 굵은 밧줄은 가느다란 실을 여러 겹으로 꼬아서 만든 것으로, 일단 완성되면 커다란 배도 끌어당길 수 있을 만큼 강한 힘이 있다.

60여 년 동안을 매일같이 거실 한켠에 있는 낡은 난로 앞의 일정한 장소에 앉아 있던 노인이 그 자리를 갑자기 옮기면 어색해지리라는 것은 쉽게 짐작할 수 있다.

또한 바스티유 감옥에서 평생을 보낸 늙은 죄수가 석방되었을 때의 이야기를 들은 적이 있을 것이다. 감옥 문을 나서던 늙은 죄수는 뜻밖에도 음침한 지하 감옥으로 다시 되돌아가기를 원했다. 감옥 생활로 몸에 밴 습관들이 너무 뿌리 깊어, 그것을 바꿔 자유로워진다는 것에 대해 본능적으로 두려움을 느꼈기 때문이다.

사람은 대개 40세쯤 되면, 스스로 후회하거나 다른 사람들로부터 좋지 않은 평가를 받는 몇몇 나쁜 습관을 갖게 된다. 바로잡으려 해도 그 습관이 자기의 전부가 될 정도로 몸에 깊이 배어 버려 쉽게 고칠 수 없을 뿐더러, 그럴 만한 기력조차 잃어 버리게 된다. 그러므로 가능한 한 젊었을 때 올바른 습관을 들이도록 노력해야 한다. 자기만의 올바른 습관이 형성되어 있지 않다면 그때그때 상황에 따라 지각있게 행동하기가 쉽지 않다. 나는 모든 사람이 '올바른' 습관에 의해 하루하루를 보다 즐겁고 의미있게 보낼 수 있기를 바란다.

만일 어떤 목수에게 그가 고른 도끼를 앞으로 평생 동안 써야 한다고 말하면, 그는 정말 신중하게 자신에게 알맞은 도끼를 고를 것이다. 또한 만일 어떤 사람에게 평생 같은 옷을 입어야 한다고 말하면, 옷의 재질이나 형태에 신경쓰며 정성을 다해 고를 것이다.

그러나 이처럼 신중을 기하는 것도 정신활동과 관련된 습관을 선택하는 것에 비하면 아무것도 아니다. 자기의 영혼을 다른 사람의 습관에 맡기고 어떤 대단한 일을 하리라고 기대하는 것은, 마치 죄수복을 몸에 걸치고서 즐거운 마음으로 자유로이 활동하기를 기대하는 것과 같다.

5분명상

행동의 씨앗을 뿌리면 습관의 열매가 열리고,
습관의 씨앗을 뿌리면 성격의 열매가 열리고,
성격의 씨앗을 뿌리면 운명의 열매가 열린다.

- 나폴레옹

2

먼저 계획을 세우고
규칙적으로 되풀이하라

내가 과연 좋은 습관을 몸에 익힐 수 있을까 걱정할 필요는 없다. 틀림없이 할 수 있기 때문이다. 그리고 그것은 생각보다 훨씬 쉬운 일이다. 같은 일을 매일 같은 시간에 되풀이하다 보면 어느새 몸에 익숙해지게 된다. 처음 얼마 동안은 귀찮게 생각되겠지만, 매일 예외 없이 규칙적으로 되풀이하기만 하면 언젠가는 틀림없이 할 수 있다.

습관이란 그렇게 해서 형성되어 가는 것이다. 9~10시간 동안 책상 앞에 앉아서 얼마든지 공부할 수 있는 사람이 있는가 하면, 육체 노동자나 운동 습관만 몸에 밴 사람은 아무리 그렇게 하고 싶어도 쉽지 않을 것이다.

예전에 나는 한 남자가 맛있는 음식으로 가득찬 식탁에 앉아서 다른 음식은 손도 대지 않고 크래커만 맛있게 먹는 것을 본 적이 있다. 그 남자는 건강상 어쩔 수 없이 그런 생활을 강요당했는데, 결국은 절식이 즐거운 습관이 되어 버린 것이다. 하지만 그렇게 되기 전까지만 해도 그 남자는 미식가로 소문난 사람이었다.

이제부터 여러분들에게 바람직하다고 생각되는 습관이 무엇인지, 또 어떻게 그런 습관을 몸에 익혀야 할지 그 구체적인 방법에 대해서 말하고자 한다.

하루의 계획은 전날 밤에 잘 생각해 두었다가 아침에 일어나 다시 한 번 확인하고 곧 실행에 옮겨야 한다. 미리 계획을 세워 두면 그렇지 않은 경우보다 놀라울 만큼 많은 일을 하루 동안에 해낼 수 있다. 이것은 무슨 일에나 다 해당된다. 인생은 무엇보다도 하루하루의 축적인 것이다.

몹시 추운 겨울날 아침, 한 남자가 높이 쌓인 눈을 헤치며 길을 만들고 있었다. 마치 누구와 시합이라도 하듯 열심이었지만 일은 좀처럼 진척되는 것 같지 않았다.

그는 이내 숨이 찬 듯 잠시 쉬더니, 이번에는 삽으로 길의 폭을 잰 다음 한 삽씩 가득 떠서 퍼내었다. 삽이 지나간 폭만큼 길이 넓어졌다. 그러자 아까 무계획적으로 했을 때는 30분이나 걸렸던 일을 15분도 채 안 되어 해치웠다. 그것도 훨씬 깔끔하고 쉽게……

당신은 아마 계획을 세우지 않고 일하면 계획을 세우고 일할 때의 절반 정도밖에 성취하지 못한다는 사실을 경험으로 알고 있을 것이다. 일하는 방법에 최대한 주의를 기울였을 때 가장 좋은 성과가 나오는 법이다.

이처럼 미리 계획을 세워 놓고 일을 하면, 순조롭게 일이 잘 진행된다. 강 폭 가득히 물을 채워 바다로 흘려 보내는 강일수록 흐름은 깊고 조용하다.

당신이 학생이라면 학교에서 정해 준 일과가 있을 것이다. 그것은 물론 하루하루의 계획 속에 포함된다. 그러나 그 밖에도 여러 가지 지식을 습득한다거나 친구들과 즐겁게 보내기 위해 해야 할 일들이 이것저것 있을 것이다.

처음에는 자신이 계획한 대로 되지 않아 실망할지도 모른다. 그러나 날이 갈수록 점점 많은 일을 할 수 있게 되고, 나중에는 그렇게 많이 할 수 있다는 데 스스로도 놀라게 될 것이다.

5분 명사

○ 누가 가장 영광스럽게 사는 사람인가?
한 번도 실패함이 없이 나아가는 데 있는 것이 아니라, 실패할 때마다
조용히 그러나 힘차게 다시 일어나는 데 인간의 참된 영광이 있다.

ㅡ 스미스

3.
근면이라는 대가를 지불하라

만일 당신이 불행하게도 자신을 천재라고 단정하고, '쥐구멍에도 볕들 날이 있다'고 생각하며 행운만을 기다리고 있다면, 그런 착각은 하루빨리 버리는 것이 좋다.

근면이라는 대가를 지불하지 않고는 아무것도 얻을 수 없다는 사실을 명심하고 곧바로 노력을 기울이도록 하라. 큰 성과를 기대하지 말고 꾸준히 노력을 계속하는 것이 훌륭한 일을 성취하기 위한 가장 확실한 첫걸음이다.

노력으로 성취한 업적에는 사실 놀랄 만한 것이 많다. 옛날 사람들은 놀라우리만치 방대한 양의 책을 썼는데, 그 비결은 무엇보다도 '근면'이었다.

'하루에 3시간씩 열심히 걸으면, 7년 만에 지구를 한 바퀴 도는 셈이 된다.'는 말이 있다.

우리에게 게으름만큼 해롭고 치명적인 습관은 없다. 그럼에도 불구하고 이 게으름만큼 몸에 붙기 쉽고 고치기 어려운 습관도 없다. 그래서 게으름뱅이는 점점 엉덩이가 무거워진다.

'달리기보다 걷는 것이 좋고, 걷기보다는 서 있는 것이 좋다. 서 있기보다는 앉아 있는 것이 좋고, 앉아 있기보다는 누워 있는 것이 좋다.'는 인도 격언이 있다. 게으른 사람은 자신도 모르게 이 격언대로 살고 있는 셈이다.

또한 겉보기에는 부지런히 움직이고 있지만 사실은 부지런하지 않은 사람도 적지 않다. 근면과는 거리가 먼 사람일수록 허둥지둥 바삐 움직이는 경우가 간혹 있는 것이다.

그러나 잘 관찰해 보면 그 차이는 쉽게 파악할 수 있다. 자신의 의무나 본분을 소홀히 하는 사람은 어떻게든 자기의 어리석음을 잊게 하는 일들로 머릿속이 가득차 있다. 꼭 해야 할 일은 뒷전이고, 자신에게 당장 이득이 될 것 같은 일에만 매달리는 것이다.

5분명상

근면은 행운의 어머니이다.
반대로, 게으름은 인간을 그가 가장 바라는 어떤 목표에로
결코 데려다주지 않는다.

- M. D. 세르반테스

4

여유 시간을 원한다면 항상 부지런하라

부지런한 사람일수록 오히려 시간에 여유를 가지고 있다. 시간을 잘 쪼개어 각각의 시간에 할 일을 정해 놓기 때문에 일을 마치고 나면 여유가 생기는 것이다. 반면에 게으른 사람의 생활은 활기가 없다.

강물도 아주 천천히 흘러가는 것보다는 폭이 좁더라도 세차게 흐르는 물이 깨끗하다. 바람이 없는 잔잔한 바다에 몇 주 동안 돛배를 띄우기보다는 설사 폭풍이 일더라도 강한 바람을 돛에 받으면서 항해하는 편이 나을 것이다.

세네카는 그의 친구에게 보낸 편지에서 '아무것도 쓰지 않거나 좋은 책을 읽고 느낌을 적어 두지 않은 날은 단 하루도 없다.'고 쓰고 있다. 남보다 뛰어나려면 무엇보다도 먼저 노력을 아껴서는 안 된다. 계획을 세우고 부지런히 노력하지 않으면 금세 많은 시간이 흘러가 버린다. 나중에야 비로소 그 사실을 알아차리고 깜짝 놀라봐야 아무 소용이 없다.

학생이 훌륭한 학습 계획을 세우거나 하루 일정을 세밀하게 짜서 노트에 적기는 쉬운 일이다. 그러나 그것을 노트에 적는 데 그치지 않고 실행에 옮기는 것은 결코 쉬운 일이 아니다. 하나하나 계획한 대로 실행하지 못하고 이내 포기하기 쉽다.

루터가 오랜 기간 여행을 하는 등 정열적으로 활동하면서도 그 사이에 성서를 완역한 것은 유럽 사람들에게 매우 놀라운 일이었다. 그러나 그것은 루터가 굳은 결의를 바탕으로 날마다 한 걸음 한 걸음씩 자기의 계획을 실행한 성과였다.

이 점에 관한 질문에 루터는 이렇게 대답했다.

"한 구절도 번역하지 않은 날은 하루도 없었어요."

이같은 부지런함이 있었기에 몇 년 사이에 성서를 완역할 수 있었던 것이다.

터키와 스페인의 유명한 속담이 있다.

'나쁜 사람은 한 명의 악마에게 시달리고, 게으른 사람은 100명의 악마에게 시달린다.'

'인간은 악마의 유혹을 받게 되지만, 게으른 사람은 스스로 악마

를 유혹한다.'

　타락한 교제나 악에의 유혹, 인격을 해치고 우정을 깨뜨리는 등의 위기는 수없이 많지만, 매일 열심히 노력하는 습관이 있으면 이것들은 피할 수가 있다.

　일할 시간이 없다, 공부할 시간이 없다고 항상 시간 부족을 내세우며 투덜거리는 사람이 있다. 그러면서도 술자리에서 하품을 해 가며 자리를 지키고 있는가 하면, 극장엘 갈까 아니면 무얼 할까 하면서 쓸데없이 시간을 보낸다. 또한 아침마다 이제 일어나야지 생각하면서도 '조금만 더' 하면서 시간을 낭비하기도 한다.

　그런 사슬을 끌고 다니는 한 그에게서는 아무것도 기대할 것이 없다. 게으른 사람은 아직 때가 되기도 전에 입으로만 떠들다가 막상 행동으로 옮겨야 할 단계에 이르면 무기력해져서 몸을 움직이려 들지 않는다. 하고자 하는 생각이야 있겠지만 막상 착수하려고 하면 의욕을 잃고 마는 것이다.

　이런 사람에게서는 시간이 도망쳐 가는 법이다. 아무런 보람도 가치도 얻지 못한 채 하루라는 시간을 그대로 흘려보내고 만다. 성공한 사람이 되고자 할 때 가장 큰 장해 요소의 하나가 바로 게으른 성격이다.

멋진 오늘을 사는 10가지 지혜로운 습관

1. 오늘만은 행복하게 지내자. 자신이 결심한 만큼 행복해지는 법이다.

2. 오늘만은 나 자신을 주어진 장소와 상황에 순응시켜 보자. 욕망에 사로잡히지 말고 가족, 사업, 운을 있는 그대로 받아들이자.

3. 오늘만은 내 몸을 아끼자. 내 몸을 혹사하거나 함부로 부리지 말고, 운동을 하며 영양을 골고루 섭취하자.

4. 오늘만은 한 가지라도 유익한 것을 배워 보자. 정신적인 게으름뱅이가 되지 않겠다고 결심하고, 사고와 집중을 필요로 하는 책을 읽자.

5. 오늘만은 내 영혼을 이렇게 훈련시켜 보자. 사람들에게 친절하게 대하며, 다른 사람에게 유익한 일을 하고, 싫었던 일을 자진해서 해 보겠다.

6. 오늘만은 유쾌하게 지내자. 활발하고 예의 바르게 행동하며 다른 사람을 탓하거나 꾸짖지 말고 칭찬하자.

7. 오늘만은 오늘 하루로써 살아 보자. 삶의 모든 문제를 한꺼번에 해결하기 위해 덤벼들지 말고 오늘 할 일만 하겠다고 생각하자.

8. 오늘만은 하루의 계획을 작성해 보자. 시간에 따라서 해야 할 일들을 적어보면 충동적이거나 뒤로 미루는 악습을 제거할 수도 있다.

9. 오늘만은 30분이라도 혼자서 조용히 쉬는 시간을 가져보자. 자신에 대하여 객관적으로 생각하며 과거와 미래의 내 삶에 대해 진지하게 생각해 보자.

10. 오늘만은 두려워하지 말자. 그 무엇에도 겁내지 않고 행복해지도록 노력하자.

5
시간을 정확히 지키는 습관을 길러라

전혀 시간을 지키지 않고 살아가는 사람은 없겠지만, 그래도 시간을 정확히 지킬 수 있는 사람은 드물다. 무슨 일을 하든 조금 늦는 편이 훨씬 쉽기 때문이다.

시간을 정확하게 지키는 습관을 몸에 익히기란 쉬운 일이 아니다. 그러나 시간을 정확히 지키는 습관은 당신 자신에게나 세상에 있어서도 대단히 중요한 일이다. 시간을 잘 지키는 사람은 그렇지 못한 사람보다 두 배의 일을 그것도 두 배나 쉽게 할 수 있으며, 따라서 자기 자신에게나 타인에게 두 배의 만족을 줄 수 있다.

사람은 누구나 천성적으로 그리고 습관적으로 게으른 경향이 있다. 그래서 시간을 정확히 지키는 사람을 만나면 존경스러워하고, 믿고 의지하고 싶어하며, 함께 일하고 싶어한다.

어떤 사람은 시간을 정확히 지키는 습관을 들이면 평범한 사람이 되어 버리지나 않을까 두려워한다. 비범한 정신의 소유자가 지닐 덕목으로는 너무나 하찮은 것이며, 뛰어난 인덕을 갖춘 사람이 신경쓸 만한 일이 못 된다고 생각하는 모양이다.

그렇다면 시간을 정확히 지키기로 유명했던 블랙스턴은 평범한 인간이었을까? 블랙스턴은 이렇다 할 장점이 없어서 시간이나 지키려고 노력했던 것일까? 그는 명강의를 할 때 단 1분도 학생들을 기다리게 한 적이 없었다고 한다. 그렇다고 해서 그와 같은 그의 철저한 성격이 그를 망친다고 생각한 사람은 아무도 없었을 것이다.

훗날 영국의 뛰어난 복음 전도사가 된 블루워 씨에게는 다음과 같은 재미난 일화가 남아 있다.

학생 시절의 블루워는 시간을 잘 지키기로 정평이 나 있었다. 어느 날 아침 시계가 7시를 알려 관례대로 모든 학생들이 기도하기 위해 일어섰다. 주위를 둘러보던 학생주임은 블루워가 보이지 않는 것을 깨닫고 웬일일까 하고 생각했다. 그때 블루워가 들어왔다.

"아니, 여보게. 시계가 일곱 시를 울려 기도를 시작하려고 했는데 자네가 오지 않아서 혹시 시계가 빠른 게 아닌가 하여 이렇게 기다리고 있었다네."

아닌게 아니라 시계가 몇 분 빨리 가고 있었던 것이다.

우리는 일상생활 속에서 시간을 잘 지키지 않는 경우가 많다.

'이미 제 시간에 가긴 틀렸어. 한 번쯤은 시간을 어겨도 괜찮겠지. 오늘은 계획한 일을 제때 하지 못했지만, 오늘 한 번뿐인데 뭐.'

이것은 흔히 해야 할 일을 뒤로 미룰 때의 변명에 불과하다.

무슨 일이든지 시간을 잘 지켜야 한다. 아침에 일어나는 시간을 정했으면 반드시 그 시간에 일어나야 한다. 아침 식사 전에 하겠다고 계획한 일은 반드시 해야 한다. 또한 친구들과의 모임에 참석할 때에도 정한 시간에 반드시 약속 장소에 도착해야 한다. 여러 모임에 참석할 경우, 다른 볼일이 있으면 아무래도 발길이 좀처럼 쉽게 돌려지지 않을 수도 있다.

'남이 기다려 주는 것은 내가 그들에게 인정받고 있다는 증거'라고 생각하는 것은 언제나 남을 기다리게 하는 사람이 즐겨쓰는 변명이요 착각에 불과하다. 약속 시간을 지켜 먼저 모여 있던 사람들은 마냥 기다리다 뒤늦게라도 만나면 기뻐할지 모르지만, 만일 처음부터 제 시간에 참석했더라면 더욱 기뻐할 것이다.

할 일이 두 가지 있는데, 하나는 꼭 해야 할 일이고 또 하나는 하고 싶은 일인 경우, 망설이지 말고 꼭 해야 할 일부터 해야 한다. 이 철칙을 잊어 버리면 꼭 해야 할 일을 시간 안에 처리할 수 없다.

6

아침 일찍 일어나는 습관을 길러라

아침에 늦게 일어나는 사람 중에 오래 산 사람은 드물다.

더욱이 유명해진 사람은 더 드물다. 아침 늦게 일어나면 당연히 일을 시작하는 시간도 늦어지고, 결국 그날 전체의 일과가 어긋나 버린다.

프랭클린(1706~1790, 미국의 과학자, 정치가)은 이렇게 말했다.

"늦잠꾸러기는 하루종일 쩔쩔매고, 밤이 되어도 아직 일이 쌓여 있게 된다."

또한 「걸리버 여행기」의 저자 스위프트(1667~1745, 영국의 풍자작가)는 "늦잠을 잔 사람 중에 성공한 사람은 없다."고 단언하였다.

뷔퐁(1707~1788, 프랑스의 박물학자)은 자신의 저작 활동을 회고하며 다음과 같이 말했다.

"젊은 시절 나는 잠자기를 아주 좋아했다. 그래서 시간을 많이 낭비했다. 그러나 조세프(뷔퐁의 하인)가 열심히 일해 준 덕분에 나는 늦잠 자는 버릇을 고칠 수 있었다.

나는 조세프에게, 만일 아침 6시에 나를 깨워 주면 그때마다 크라운 은화를 한 닢씩 주겠다고 약속했다. 이튿날 아침에 약속대로 그는 나를 깨우려고 갖은 애를 썼지만, 결국 그가 받은 것은 나의 꾸지람뿐이었다. 다음날 아침에도 그는 마찬가지로 나를 깨웠지만 뜻대로 되지 않았다.

나는 결국 낮이 되어서야 또 시간을 낭비했음을 비로소 깨닫고 후회하였다. 나는 조세프에게 '너는 왜 내가 시키는 말을 그대로 지키지 못하는 거야? 내가 뭐라고 하든 신경쓰지 말고 시키는 대로 해야지.' 하고 말했다.

이튿날 아침 그는 드디어 완력으로 나를 깨워 일으키려고 했다. 나는 또 '제발 부탁이니, 좀 봐 줘. 잠시만 그냥 내버려 둬.' 하고 말했으나 조세프는 나를 놓아 주지 않았다. 그래서 나는 어쩔 수 없이 그의 뜻에 따랐고, 한 시간쯤 후에는 날마다 꾸지람 대신에 고맙다는 말과 함께 크라운 은화 한 닢을 그에게 주게 되었다. 나의 저서 중에서 10권 내지 12권은 가엾은 조세프 덕분에 완성할 수 있었다."

그렇다면 아침 일찍 일어나기 위해서는 어떻게 해야 좋을까?

우선 일찍 잠자리에 들어야 한다. 그 이유에는 여러 가지가 있지만, 그것이 눈의 피로도 덜하고 건강에도 가장 좋다. 밤 12시 이전의 1시간의 수면은 그 이후의 2시간에 해당한다고 한다. 그래서 11시에 잠들어 아침 5시에 일어나면 7시간의 수면을 취한 것이나 다름없으며, 이것이 자연의 이치에도 가장 적합한 것이다.

가령, 오늘 밤 10시에 잠자리에 든다고 가정하자. 밤 늦게까지 자지 않는 버릇이 있는 당신은 쉽게 잠들지 못할 것이고, 따라서 이튿날 아침 5시를 알리는 종이 울릴 무렵에는 아직 깊이 잠들어 있을 것이다.

그러나 다시 한번 말하지만 적어도 이 세상에서 무엇인가를 이루고 싶다면 반드시 아침 일찍 일어나는 습관을 몸에 익혀야 한다. 그것도 가능한 한 빨리 익히는 것이 바람직하다. 만일 일찍 일어나는 습관을 돈으로 살 수 있는 것이라면, 그것은 아무리 많은 돈을 지불해도 결코 아깝지 않을 것이다.

아침에 일어나기 위해 작은 자명종을 사용하기도 하는데, 이것도 좋은 방법이다. 그러다 보면 규칙적으로 아침에 일찍 일어날 수 있게 될 것이다.

일단 눈을 뜨면 먼저 의식적으로 잠자리를 떠나야 한다. 잠시라도 우물쭈물하고 있다가는 다시 잠에 빠져서 모처럼의 결심은 수

포로 돌아가고 만다. 그러면 희망은 사라지고, 습관은 무너져 버리는 것이다. 충분한 수면을 취하고도 아침에 잠자리에서 일어나지 않고 그대로 뒹굴며 시간을 보내는 것만큼 어리석은 일은 없다. 그것은 변명의 여지도 없이 가장 쓸데없이 시간을 낭비하는 일이다. 일어나서 무슨 일이든 한다면 그만큼 그날 해야 할 일이 줄어들 것이고, 또한 잠을 잔다면 일하기 위해 필요한 휴식을 취한다고 말할 수 있다. 그러나 몽롱한 상태에서 일어나지도 그렇다고 잠들지도 않고 그저 누워서 시간을 보낸다는 것은 그야말로 죽어 있는 것이나 다름없는 일이다.

일찍 일어나는 습관이 몸에 밴 사람은 일찍 자는 습관이 자연히 생길 것이며, 또한 그렇게 해야 한다. 물론 한밤의 베일 속에 숨어서 슬며시 스며드는 유혹이나 위험도 피해야 한다.

젊어서부터 일찍 일어나는 습관이 몸에 밴 사람은 오래 사는 경향이 있으며, 또 그런 사람은 탁월하고 유능한 인물이 되는 경우가 많다. 그리고 무엇보다도 평화롭고 즐거운 인생을 여유롭게 보낼 수 있다. 내가 이 점을 강조하는 이유는 잠자리를 그리워하는 것은 특히 젊은이가 빠지기 쉬운 덫이며, 일단 빠지면 좀처럼 헤어날 수 없기 때문이다.

7
무엇이든 배우려는 자세를 가져라

이 습관을 몸에 익히느냐 그렇지 못하느냐에 따라 40세쯤부터 그 사람의 인격에 현저한 차이가 나타난다.

사람은 누구나 다른 사람으로부터 배운 것에 의해 행동하기 마련인데, 그것이 자기 자신을 위해서라고 의식하고 습관화하는 사람은 없다. 대부분의 사람들은 그때그때의 흥미나 호기심에서 그렇게 하고 있을 뿐이다. 문제는 나이가 든 후에 그것을 시작하면 유용한 지식을 늘리기가 어렵다는 것이다.

월터 스코트(1771~1832, 영국의 시인, 소설가)는 "상대의 직업에 관계없이 몇 분 동안만 대화를 나누어 보면 누구에게서나 자신이 미처 알지 못했던 것을 분명히 배울 수 있다."고 말했다.

이 세상에서 경험을 쌓아 나가려면, 눈을 크게 뜨는 것과 마찬가지로 조심스럽게 귀를 기울이는 것 역시 대단히 중요한 일이다. 세실(1864~1958, 영국의 정치가)은 다음과 같이 회상하고 있다.

"내가 아직 어렸을 때 어머니에게는 한 사람의 하인이 있었는데, 나는 이 하인의 태도에 매우 감탄했다. 한 사나이가 양조 담당자로 고용되었을 때, 이 하인은 그의 양조 기술을 배우기 위해 그 방법을 잘 살펴보라는 지시를 받았다. 그런데 그 과정 중에 하인에게는 잘 이해가 되지 않는 점이 있었다. 그래서 사나이에게 물어보았더니, 그는 무지하고 어리석은 자라고 욕설을 퍼부으며 하인을 마구 나무랐다. 그걸 본 어머니가 이 하인에게 어째서 그런 욕을 듣고도 잠자코 있느냐고 묻자, 하인은 '그 사나이에게서 기술을 배우기 위해서라면 더욱 심한 말로 수천 번 욕을 먹더라도 괜찮아요.' 하고 대답했다."

자신이 전공하고 있는 학문이나 본업 이외의 것은 배울 필요가 없다고 생각한다면 그것은 잘못이다. 만나는 모든 사람들로부터 유용한 지식을 얻는다고 해서 자신의 전문성에 피해가 가는 일은 없다. 물론 하나에서 열까지 모두 흡수하라는 것은 아니다. 하나의 큰 문제를 생각하고 있을 때에도 그와 관련된 다른 사항에 주목할 수 있다는 사실을 말하고 있을 뿐이다.

이를테면, 당신이 지금 급한 볼일로 어딘가 멀리 심부름을 가게 되었다고 하자. 이때 가장 중요한 것은 물론 신속하게 심부름을 하는 일이지만, 가는 도중에 다양한 경치를 보고 사물에 대해 깊이 관찰하는 것도 필요하지 않겠는가? 모든 새로운 정보와 소문, 사실에 귀기울여 가능한 한 더욱 현명해져서 돌아와야 하지 않겠는가?

과연 이런 일이 심부름에 방해가 될까? 이렇게 해서 여러 가지 일을 습득해 나가면 틀림없이 더욱 박식하고 유능한 사람이 될 것이다.

배움이 없으면 성장도 없다

직업이 무엇이든 스스로 배우고 익히는 노력을 게을리해서는 경쟁에서 살아남을 수 없다. 우리가 가진 지식이나 기술은 지금 이 순간에도 끊임없이 변화하고 있기 때문이다. 어떻게 배울 것인가 고민스럽다면 하니웰 인터내셔널의 최고경영자로 명성을 날리고 있는 래리 보시디의 조언에 귀를 기울여 보라.

"배움은 단순히 머리를 굴리는 것과 본질적으로 다르다. 배우기 위해서는 인내심과 일관성, 적극적인 참여가 필요하다. 자신의 행동을 되새겨 교정하려는 노력도 뒤따라야 한다. 내 경험에 비추어 볼 때, 이 모든 노력이 일단 궤도에 올라서기만 하면 성장 잠재력은 거의 무한대로 확장된다."

일단 스스로 배우는 방법을 익히고, 배움에서 얻을 수 있는 기쁨과 실용성을 익히고 나면 성공하는 것은 그다지 큰 어려움이 없다.

가속도가 붙어 질주하듯 달려가는 단거리선수의 모습을 머리 속에 떠올리면 된다. 배움이 없는 곳에서는 성장이 일어날 수 없다. 그곳에선 쇠퇴가 일어날 뿐이다.

8
무슨 일이든 주의를 집중하여라

주의를 집중시키는 것은 매우 중요한 습관이다. 이것을 할 수 있는 사람은 이미 많은 큰 어려움을 극복했다고 말할 수 있다. 집중력이 없는 사람은 어느 분야에서건 자신이 성공하기를 원해도 결코 쉽지 않을 것이다.

성과를 올리려면 반드시 정신 집중이 필요하다. 어떤 한 가지 일만 생각하고 있어야 할 때 다른 생각이 머리 속에 어른거린다면 사고가 정리되지 않아 쓸모없게 되어 버리고 만다.

공부를 할 때도 집중 상태에서 해야 한다. 즉 눈앞의 문제에 주의가 완전히 몰입되어 두뇌가 그것 이외의 일은 전혀 거들떠보지 않는 상태에서 해야 효과가 있다.

훌륭한 학자는 하나하나의 단어를 잘 기억하려고 노력하기 때문에 나중에 다시 그 단어가 나와도 사전을 찾아볼 필요가 없다. 때로는 그 말의 어원이나 문법에 대하여 동료가 의문을 제기할지도 모른다. 그리고 이 학자는 그 의문점에 대해 즉시 대답하지 못할지도 모른다. 하지만 그것에 관한 자신의 생각은 이미 정해져 있으며 확고한 의견을 갖고 있다. 지금은 어떤 단계를 거쳐서 그 결론에 도달했는가를 설명할 수 없을 뿐이다.

어떤 문제를 조사할 경우에 대강의 개념만 파악해 둔다는 태도로 조사해서는 안 된다. 아무리 급하더라도 철저히 조사해야 한다. 중요성의 정도에 관계없이 적어도 그것이 조사할 만한 가치가 있다면 철저히 알아보아야 한다. 두 번 다시 조사할 필요가 없을 정도로 해두면, 언제 다시 그 문제가 제기되어도 생각이 정해져 있으므로 당황하는 일이 없다.

확고한 신념을 갖는 것이 곧 의연한 인격을 형성한다. 그러한 신념은 선악의 판단은 물론이고 정당한 판단이 요구되는 모든 문제와 관련되어 있다. 또한 성급하게 결론을 내려서는 안 된다. 일반적으로 우리는 판단력이 부족해서라기보다는 오히려 성급하기 때문에 일을 그르치고 만다. 문제를 검토하는 데 충분한 시간을 들인다면 대개 올바른 결론을 내릴 수 있다.

9
검소하고 청결한 습관을 길러라

항상 단정하고 검소한 옷차림을 하라. 육체는 영혼의 그릇에 지나지 않는다. 그러므로 외모를 너무 중요시해서는 안 된다. '선량하고 정직한 사람'은 집 주위도 잘 정돈되어 있는 법이다.

옷은 가능한 한 질이 좋은 것을 입는 것이 좋다. 질이 좋으면 자연히 오래 입고 싶어질 것이고, 그럼으로써 자신이 얼마나 물건을 소중히 여기는지 다른 사람에게 인식시킬 수 있다.

운동할 때에는 다른 옷으로 갈아 입어라. 일할 때나 공부할 때에도 운동할 때와 같은 복장이라면 능률이 별로 오르지 않을 것이다.

옷은 따스해야 하고, 속옷은 자주 갈아 입어야 한다. 또한 발은 항상 건조하고 따뜻하게 해야 한다. 그러기 위해서는 날마다 일정량을 걸음으로써 발을 써야 한다.

유행의 최첨단을 걷기 위해 유행에 얽매이는 사람만큼 딱한 인간은 없다. 꼭 유행을 따르지 않으면 자기 나름대로의 옷차림을 할 수 없는 것일까?

복장은 항상 간소하고 깨끗이 유지하라. 윗옷, 모자, 구두, 속옷에 이르기까지 항상 단정해야 한다. 그러나 이것이 인생의 중요한 일이라고 생각해서는 안 된다.

치아에는 특별히 주의를 기울이도록 하라. 이것은 결코 어려운 일이 아니다. 밤에 잠자리에 들기 전에 소금물과 부드러운 칫솔로 이를 닦으면 된다. 이 간단한 일만 충실히 지키면, 늙어서도 튼튼한 치아를 유지할 수 있다.

어쨌든 지금 곧 실천하라. 이것을 게을리하면, 충치가 생겨 숨을 내쉴 때마다 악취가 나고 치통에 시달릴 뿐만 아니라, 음식을 제대로 씹을 수 없으므로 건강까지 해치게 된다. 그리고 상당히 많은 치아를 못 쓰게 될 것이다. 지금은 대수롭지 않은 일로 여길지 모르겠지만, 이닦기를 게을리하다가 아뿔사 하고 깨달았을 때는 이미 늦어 크게 고통스러워할 것이다.

그리고 평소에 방을 잘 정돈하라. 청결감은 그 사람의 인품을 나타낸다.

10

빨리 행동하기보다 주의깊게 행동하라

널리 알려진 이야기지만, 존슨 박사(1572~1637, 영국의 극작가, 시인, 평론가)는 자기가 쓴 원고를 출판사에 보낼 때 수정하기 위해서 다시 읽어보는 일이 없었다고 한다. 이것은 그야말로 그의 습관 덕분이었다. 존슨 박사는 먼저 천천히 정확하게 구상을 하고 나서 쓰기 시작했던 것이다.

원래 인간은 자신을 억제하는 인내심이 부족하여 무슨 일이든 끈기있게 해내지 못한다. 그래서 열심히 끈질기게 일하는 사람은 좀처럼 보기 드물다.

특히 젊은이들은 무슨 일이건 서둘러 끝내고 싶어한다. 젊은이들의 대화에서 얼마나 빨리 해치웠는가 하는 말은 자주 들었어도, 얼마나 꼼꼼히 했는가 하는 말은 들어본 적이 없다. 이것은 매우 좋지 않은 습관이다. 해야 할 가치가 있는 일이라면 정성들여 해야 한다. 만일 이런 습관이 없다면 아무리 지적인 훈련을 많이 받았더라도 아직 충분하지 않다.

무슨 일이건 하나하나 정성들여 해야 한다. 처음엔 속도가 느리겠지만 반복하여 실행하다 보면 자연히 빨리 할 수 있게 된다. 이런 습관을 익히지 못한 탓에 시시한 책밖에 읽지 못하는 독자들이 얼마나 많은가? 또 허술한 내용의 글밖에 쓰지 못하는 작가들이 얼마나 많은가? 에우리피데스(고대 그리스의 3대 비극시인 중 한 사람)가 단 3행의 시를 쓰는 동안에 한 인기 많은 시인은 300행이나 썼다. 그러나 한 사람은 영원히 남는 시를 썼고, 다른 한 사람은 하루만 지나면 사라져 버리는 시를 썼던 것이다.

독서, 대화, 작문을 막론하고 그 분량은 적더라도 정성을 들여야 한다. 성급한 사람은 인생의 쓸데없는 일로 정신없이 분주하지만, 가능한 한 많은 일을 성취하겠다는 자기 인생의 큰 목표를 이루지 못한 채 삶을 끝마치기 쉽다.

한 위대한 인물의 노력과 업적에 놀라 "어떻게 하면 그렇게 많은 일을 이룰 수 있습니까?" 하고 묻자, 그는 "뭐, 한 번에 한 가지 일에만 매달려 일단 꾸준히 하려고 노력할 뿐이에요." 하고 대답했다고 한다.

당신도 이 말을 명심하기 바란다. 부모님께 알아보기조차 힘든 글씨체로 급히 편지를 써보내고, 서둘러 쓰느라고 그렇게 되었다며 나중에 해명하는 일이 없어야 한다.

그렇게 급할 이유가 있을까? 그것은 자기 자신을 속이는 데 불과하다. 5년쯤 지나고 나면 무엇을 썼는지 전혀 알아볼 수도 없는 엉터리 메모라면 하지 않는 편이 낫다.

무슨 일이나 급히 서두른 나머지, 자신이 뭘 하고 있는지 스스로도 알지 못할 만큼 애매하거나 혹은 어렴풋한 기억에 의지하는 일이 있어서는 안 된다. 천박한 인격이 이런 식으로 형성되는 것이다. '무슨 일이든 정성껏 하는' 습관을 들이지 않는 사람은 바로 이 천박한 인간이 되고 싶어하는 것이다.

5분명상

미소를 지을 줄 아는 사람은 경영이나 가르치는 일이나 세일즈를
보다 효과적으로 할 수 있으며, 아이를 더욱 행복하게 기를 수 있다.
찡그린 얼굴보다 미소 띤 얼굴이 더 큰 의미가 있다.
따라서 벌을 주는 것보다는 격려해주는 것이
훨씬 더 효과적인 교육 방법이다.

- 데일 카네기

나를 바꾸는 습관

나를 바꾸는 지혜의 말

거절당하고 실망하게 되더라도 주저앉지 말고 용기를 내자.

나는 매일 모든 면에서 강해지고 있다.

오늘은 어떤 누구도, 어떤 곳에서도, 어떤 것도 나의 기쁨을 앗아갈 수 없다.

오늘도 틀림없이 평화롭고 사랑이 충만한 하루가 될 것이다.

오늘은 내가 앞으로 살아가야 할 날들의 첫날이다.

긴장과 두려움은 모두 떨쳐 버리자.

좌절하지 말고 해결책을 모색하는 사람이 되자.

'끝까지 해내겠다' 는 자세로 살아가자.

열정을 가지고 끊임없이 노력해서 오늘의 일을 훌륭하게 끝마치자.

내가 찾고 있는 것은 동시에 나를 찾아 오고 있다.

그러니 항상 내가 무엇을 생각하고 믿는지,

내가 무엇을 말하고 행하고 있는지 각별히 주의하자.

내 주변에는 많은 정보와 기회들이 흘러 넘치고 있다.

이로움은 기대한 곳과 기대하지 못했던 곳에서 다가온다.

오늘 나는 모든 어려움과 난관을 인내하고 극복할 것이다.

지금보다 더 높은 곳을 향하여 모든 도전을 받아들일 것이다.

11
믿고 존경하는 사람을 친구로 삼아라

친구를 선택하고 사귀는 방법에 대해서는 많은 책에서 다루고 있으므로 나는 간단히 언급하고자 한다.

누구에게나 단지 알고 지내는 사람보다 훨씬 친한 친구가 몇 사람은 필요하고, 또 그런 친구가 생기기 마련이다.

친구와 사귈 때 특히 어려운 점이 두 가지 있다. 첫째는 참된 친구를 얻기가 어렵다는 것이고, 둘째는 그 친구와 우정을 지키기가 어렵다는 것이다. 그 중 우정을 지키기가 훨씬 더 어렵다.

세월이 흐를수록 깊어 가는 우정의 경우 처음의 만남은 오히려 담담한 경우가 많다. 반대로 첫 만남부터 양 손을 번쩍 치켜들고 포옹하는 사람과의 우정은 좀처럼 오래 가지 못한다.

친구는 신중히 선택해야 한다. 앞날의 일을 충분히 생각하고, 둘도 없는 친구 사이니까 서로 생각이나 비밀까지도 나누자는 말은 쉽게 입밖에 내지 않는 것이 좋다.

친구를 선택할 때는 서로의 습관, 성격, 사고방식, 말투 등을 서로 흡수하게 되는 것이므로 장점도 중요하지만 가능한 한 결점이 적은 친구를 신중히 택해야 한다.

어떤 사람은 친구를 완전히 믿으며, 그들이 자기에게서 떠나갈 리 없고 마음이 변할 리도 없다고 생각한다. 그런가 하면, 우정이란 명분일 뿐 아무런 의미도 없다고 생각하는 사람도 있다. 그러나 이런 극단적인 생각은 결코 옳지 않다.

다음 글에는 친구에 관한 지혜가 숨어 있다.

"부드러운 말은 친구를 배로 늘리고, 정다운 말투는 친근감을 배로 늘린다. 많은 사람들과 사이좋게 지내라. 그러나 진지한 이야기를 나눌 수 있는 친구는 그 중에서 한 사람이면 충분하다.

사람을 성급히 과대평가해서는 안 된다. 왜냐하면 자기에게 유리할 때에만 친구가 되고 당신이 곤궁한 처지에 있을 때에는 떠나가 버리는 사람도 있기 때문이다. 당신의 적에게 접근해서는 안 된다. 그리고 당신의 친구를 조심하라. 충실한 친구는 믿음직한 아군이며, 이런 친구를 가진 사람은 값비싼 보물을 얻은 것과 마찬가지이다. 충실한 친구는 인생의 묘약이다.

옛 친구를 버려서는 안 된다. 왜냐하면 새로운 친구가 옛 친구를 대신할 수는 없기 때문이다. 새로운 친구는 만든 지 얼마 되지 않은 포도주와 같다. 그러므로 숙성되었을 때 맛보면 된다. 돌을 던져서 새들을 위협해 쫓아내듯이 친구를 과격하게 힐책하는 사람은 우정도 깨뜨릴 것이다. 자존심이 상한 상대 친구는 비밀을 폭로하고, 배신감으로 당신 곁을 떠나가 버릴 것이기 때문이다."

깊은 존경심을 갖고 있지 않은 상대에 대한 우정은 오래 지속되지 않는다. 존경하는 마음이 있으면 친구의 기분을 상하게 하는 일은 없다. 물론 상대방도 마찬가지이다. 자기가 깊이 존경하지 않는 사람을 친구로 삼으면 곧 그것을 부끄러워하게 될 것이다. 존경하는 마음이 있어야 우정도 생기는 것이다.

친구로 삼거나 우정을 오래 지속시키고자 한다면, 상대방의 성격이나 장점이 아무리 뛰어나더라도 절대 질투해서는 안 된다. 어느 훌륭한 저술가는 이렇게 말하고 있다.

"자기보다 나아 보이는 친구의 행복을 순수하게 기뻐하지 못한다면, 아직 참된 우정과는 거리가 멀다."

12
친구를 선택하는 기준

*젊은이*에게 있어서는 이성 친구도 소중하지만 그에 못지않게 중요한 것이 진실한 동성 친구를 갖는 것이다. 자신을 향상시키고 유능한 인물이 되고자 하는 사람에게는 특히 그것이 중요하다.

친구를 선택하는 데는 상당한 주의가 필요하다. '사람을 알려면 그 친구를 보라.'는 속담도 있듯이, 친구로부터 받는 영향은 그만큼 큰 것이다. 그런데도 친구를 선택하는 일의 중요성을 모르는 사람들이 많다.

인간은 모방의 동물이기에 자기와 교제하는 동료의 태도나 표정, 버릇, 생각조차도 아주 간단히 흉내내 버린다. 그런데도 이 사실을 잘 알고 있는 사람은 많지 않다.

젊은 사람이 나쁜 친구를 사귀면 세상에서 좋지 않은 평가를 받을 뿐만 아니라 그런 친구와 어울리는 동안 자신의 좋은 점을 점점 잃어 버리게 된다. 그러므로 남들과 같이 착할 뿐만 아니라, 가능하다면 그보다 조금 더 특별한 좋은 품성을 지닌 인물을 친구로 삼는 것이 가장 중요하다. 그것은 흔히 생각하는 것만큼 어려운 일은 아니다.

가치있는 친구란 완전한 인격자를 가리키는 것은 아니다. 순결한 의미에서의 완전무결한 인간이란 존재하지 않는다. 자신을 인격적으로 크게 성장시켜 줄 만한 성품의 소유자야말로 가치있는 친구이다.

친구를 많이 가질 필요는 없다. 알고 지내는 친구는 많이 있어도 괜찮지만 친한 친구는 적은 편이 낫다. 만일 친구라 부르기에 적합한 벗이 한 명이라도 있다면 그것은 행복한 일이다.

13
결점을 관대히 봐주는 것이 우정은 아니다

진실한 우정이란 어떤 것일까? 이것은 젊은이들에게 쉽게 이해되지 않는 부분인 것 같다. 사실상 우정이란 그저 겉보기일 뿐이라고 생각한다면 젊은이의 따뜻하고 여린 마음에는 매우 괴로운 일일 것이다. 그러나 친하게 지내는 많은 사람이 있어도 그 중에서 진실로 친구라 부를 만한 사람은 단 한 명도 없을 수도 있다.

친구란 그 증거를 보여주는 것이다. 단순한 미소를 우정의 증거라고 생각해서는 안 된다. 물론 우리는 언제나 명랑하게 지내야 한다. 주위 사람의 미소, 더욱이 진심에서 우러나오는 미소에 마음이 누그러지지 않을 사람이 있을까?

누구나 서로 상냥한 태도로 대한다면 우리는 언제나 밝고 행복하게 지낼 수 있다. 붙임성이 있고 생글거리는 얼굴과 친절한 말은 확실히 우정의 표현이며, 최소한 그런 것이 있기 때문에 우정이 두터워지는 것도 사실이다.

그러나 "교묘한 말과 아름답게 꾸민 태도로 아첨하는 사람 중에 정말로 덕이 있는 사람은 드물다."는 말이 있다. 아무리 붙임성있고 상냥하게 다가오는 사람이라도 그것만으로는 친구라고 말할 수 없다. 진실한 우정에는 그 이상의 뭔가가 있다.

미소나 친절한 말의 가치와 효과는 누구나 알고 있는 일이다. 그래서 그것을 이용하여 오히려 시치미를 떼는 사람도 많다. 첫 대면에서 찡그린 얼굴로 무뚝뚝하게 얘기한다면 남에게 결코 환심을 살 수 없기 때문이다. 그런 태도로는 남에게 초대받기는 커녕 내쫓기고 말 것이다. 그렇다고 해서 뻔히 드러나보이는 억지웃음이나 간사한 목소리는 오히려 혐오감을 줄 뿐이다.

한번도 본 적이 없는 사람이 친절하게 접근해 올 경우에는 대개 어떤 속셈이 있다고 생각해도 좋다. 생명이나 재산, 명성 등 뚜렷한 목표는 아니겠지만, 그런 사람은 기회만 있으면 뭔가 득이 되는 것을 얻고자 한다.

다시 한번 말하지만 우정이란 그 증거를 보여주는 것이다. 이것은 진부한 것 같지만 사실이다. 그 증거를 어떤 방법으로 나타내는 가가 문제이다. 나무는 그 과실을 보고 알 수 있다는 말은 어떤 경우에나 해당되는 얘기다. 진실한 우정이란 표정이나 말뿐만 아니라 행위를 통해서도 알 수 있다. 말보다는 행동이 앞서야 한다.

우리에게 알려져 있는 몇 가지의 멋진 우정 이야기는 유익한 교훈이 되기도 하지만 잘못 받아들이면 유해한 면도 있다. 그 한 예로, 다몬과 퓨티어스의 이야기가 있다.

사형선고를 받은 친구 퓨티어스를 위해 다몬은 스스로 인질이 되었다. 집안 일과 삶을 정리할 시간을 주기 위해서 퓨티어스를 집으로 보내주려는 것이었다. 그러나 약속 시간이 다가와도 퓨티어스는 돌아오지 않았다. 왕이 드디어 인질로 잡아둔 다몬을 막 처형하려고 할 때 퓨티어스가 처형장에 나타났다. 왕은 두 사람의 깊은 우정에 감탄하여 죄를 사해 주었다고 한다.

이런 이야기는 우리들의 눈을 일상적인 생활이나 대화에서 다른 곳으로 돌려 버린다. 우리는 서로의 결점, 특히 사소한 결점을 관대하게 봐주는 상대를 최선의 벗으로 생각한다.

다몬과 퓨티어스는 서로를 위해 기꺼이 죽을 각오가 되어 있었지만, 과연 정말로 서로를 위해 살고 있었을까? 또한 그들은 서로의 잘못을 바로잡고, 결점을 고치며, 서로의 인격을 가장 높은 곳까지 향상시키기 위한 노력을 하고 있었을까?

14
친구에게 먼저 성의를 보여라

친구 사이에서 가장 중요한 자질은 사려깊고 분별력이 있는 것이다. 열정이나 말을 많이 하는 것이 반드시 상대방을 아끼는 마음의 표시라고 볼 수는 없다. 그러나 참된 친구를 얻기 위해서는 친구가 자기에게 어떻게 해주기를 바라듯이 자기도 친구에게 그렇게 해주어야 한다.

나는 젊은이들이 쿠퍼의 멋진 시 '우정'을 모두 암기해 주기를 바란다. 그 중에서도 특히 다음의 한 구절에 담긴 의미를 잊지 말았으면 좋겠다.

친구가 원하면 아름다운 기질을
스스로 모두 보여 줘라.
왜냐하면

먼저 상대에게 성의를 보이는 것이야말로
참된 우정이니까.

홀륭한, 오래 지속되는 우정이라고 해서 모두가 서로 같은 성격이나 취향을 갖는 것은 결코 아니다. 우리는 자신에게 없는 자질을 갖춘 사람을 존중한다. 자신에게 부족한 자질을, 그것을 갖추고 있는 친구에 의해서 보충할 수 있을 것으로 생각하기 때문이다.

상대방의 결점을 찾아내어 충고해 주는 것도 우정의 큰 역할 중 하나라고 생각되지만, 이것은 약간의 위험을 내포하고 있다. 충고를 할 때에는 매우 세심하고 다정한 마음씨가 필요하며 너무 자주 해서는 안 된다.

나는 결점을 찾아내어 주의를 시키는 것이 친구의 임무라고는 생각지 않는다. 상대방이 고귀한 목표를 향해 나아가는 것을 밀어주고 격려하며, 또한 용기를 북돋아 주어 열심히 노력할 수 있게 하는 것이 우정이라고 생각한다.

가족 한 사람 한 사람이 언제나 서로 결점을 들춰내고 비난한다면, 과연 그 가정이 행복하다고 할 수 있을까? 그렇지 않다. 만일 친구의 성공을 바란다면, 그 친구가 괴로워하거나 고민하고 있을 때 용기를 북돋아 주고 격려해 주는 것이 중요하다.

옛 친구와의 교제를 소중히 여기는 동시에 새로운 친구도 찾아내도록 하라. 왜냐하면 주거지를 옮기거나 죽음에 의해 때때로 환경이 바뀌기 때문에 지금 새로운 친구를 사귀어 두지 않으면 나중에는 한 사람의 친구도 없게 될 우려가 있다.

새삼스레 말할 필요도 없지만, 친구와 사귀는 데 가장 중요한 것은 확고한 신뢰감이다. 조금이라도 성의가 의심스러운 사람과는 사귀지 않는 게 좋다. 우리가 만일 자기 마음을 닦고 사랑받을 가치가 있는 사람이 되기 위해 하루하루 노력하지 않는다면, 참된 친구를 가질 수 없을 것이다.

우정은 서로 나눈다고 해서 결코 줄어들지 않는다. 우정은 어떤 사람의 마음이라도 맑고 밝게 해준다. 동시에 우정은 괴로움을 나누고 여러 가지 슬픔을 누그러뜨린다.

당신은 친구가 있으니
당신은 바로 풍요롭고 없어지지 않는 보물 창고를 가졌네.
당신의 어떤 요구라도 채워 주는 보물 창고,
당신의 목숨이 다하는 그날까지 소중히 여겨야 하리.

좋은 친구를 얻고 싶거든 이런사람이되라

친구를 얻고 싶거든 당신이 먼저 친구가 되라.

사람이 갖는 가장 큰 욕망은 다른 사람에게 필요한 존재가 되고 싶다는 것이다.

그러므로 다른 사람들이 그러한 느낌을 가질 수 있도록 도와줘라.

사람이 가질 수 있는 가장 큰 덕은 친절이다.

모든 사람을 사랑할 수는 없지만 모든 사람에게 친절할 수는 있다.

다른 사람들을 감동시키려고 애쓰지 말라.

다른 사람들에게 당신을 감동시키는 재미를 맛보게 하라.

적극적인 사람이 되라.

적극적인 사람은 사람들에게 호감을 주지만 소극적인 사람은 거부감을 준다.

상대방에게 말을 잘하는 것보다는 그 사람의 말을 잘 들어줌으로써

그 사람에게 더 큰 영향을 끼칠 수 있다.

남의 흉을 보는 경우 그 대상이 되는 사람보다 흉을 보는 이의 가치가 더 떨어진다.

누구하고든 의견 차이는 반드시 있기 마련이다.

하지만 그런 의견 차이는 공손한 태도로 대하면 해결될 수 있다.

어떤 사람을 놀리고 싶은 생각이 들 때는 자신이 놀림을 당할 경우를 생각하라.

사람들을 상대할 때는 참다운 관심을 표시하라.

그리고 상대방이 자신에 관해 얘기할 기회를 주어라.

미소를 짓는 데는 돈 한푼 들지 않는다. 먼저 미소지으며 인사하라.

미소는 자신을 기분좋게 할 뿐 아니라 주위의 모든 사람을 기분좋게 해준다.

태평양을 아름답게 장식한 섬들은
작은 산호충이 하나하나 쌓이고 쌓여서
바다 밑으로부터 높이 솟아오른 것이다.
인간의 노력도
이와 마찬가지이다.

나를 바꾸는
정신력

mind

2

15
스스로 감정을 조절할 수 있게 하라

자신의 감정을 조절할 수 있으려면 적지 않은 노력이 필요하다. 자기 감정을 억제할 수 있는 사람이야말로 진정한 의미의 영웅이라고 할 수 있다.

저 점잖은 글을 쓰는 골드 스미스(1730~1774, 영국 시인, 소설가)가 서재에 있을 때는 매우 까다롭고 신경질적이며 화를 잘 내었다는 사실을 누가 상상이나 할까?

그러나 이것은 사실이다. 「세계의 시민」이나 「폐허가 된 마을」, 「웨이크필드의 목사」를 쓴 그는, 아마도 자신의 작품 속에서는 매우 친절하고 부드러운 사람이 되려고 애쓴 나머지 신경이 망가져서 정작 현실 세계로 돌아와서는 점잖아지려고 해도 불가능했던 게 아닐까?

아무튼 펜을 잡고 있을 때나 외출했을 때는 점잖고 부드러운 사람이 서재에 있으면 신경질적이고 화를 곧잘 내는 성격으로 돌변하는 경우는 불행히도 종종 있는 일이다.

다른 사람과 형식적인 대화만 하는 버릇은 아주 쉽게 습관이 되어 버린다. 순식간에 고칠 수 없는 습관으로 굳어져 평생 그 습관을 버리기 어렵다.

그렇게 되지 않으려면 솔직한 사람이 되어야 한다. 그것도 남의 눈에만 그렇게 보이는 것이 아니라 실제로 그래야 한다. 솔직하고 고결한 인품은 다른 사람들에게도 그대로 알려져 높이 평가받게 된다.

인간은 원래 각양각색으로, 천성적으로 폐쇄적이며 사람을 싫어하는 소견 좁은 사람도 있다. 그렇다고 해서 타고난 성질에 안주하여 점점 자신 속으로 빠져들어도 좋다는 말은 아니다. 그런 사람은 어쩌면 어렸을 때부터 그러한 경향의 성격을 남들이 보고도 못본 체했을지 모른다. 하지만 자기 자신은 그것을 간과해서는 안 된다.

자신이 놓여 있는 처지에 만족하라. 불평 불만만큼 본인을 불쾌하게 만들고, 마음의 평화를 교란시키는 것은 없다.

완벽한 교양과 지성을 갖추고자 한다면, 언어를 마스터하든 수학을 익히든, 수많은 어려운 문제를 해결하기 위해서는 좌절을 맛볼 정도의 장애에 부딪힐 각오를 해야 한다. 드넓은 지역을 탐험하려면 타는 듯이 내리쬐는 태양, 차갑게 온몸으로 스며드는 비, 자욱한 먼지, 수많은 파리떼 등을 만나지 않을 수 없는 것이다.

감정을 조절하는 법

감정을 조절하는 법을 배우면 우리 마음에 기쁨이 가득 차 평온을 유지할 수 있다.

그러나 감정의 노예가 되어 버리면 내면의 기쁨을 누리지 못한다.

어떤 감정이든 원인이 있기 마련이다.

마음을 가라앉혀 반성하지 않으면 그 원인을 살필 수 없다.

한 걸음 물러나 원인을 살펴보면 감정의 방향을 바로잡을 수 있다.

대부분의 사람들은 감정이 자신의 주인이 되도록 허락한다.

화가 나면 화나는 대로, 슬프면 슬픈 대로 살아가는 것을 당연시한다.

그러나 감정은 때가 되면 떠나는, 쉴새없이 들고 나는 손님일 뿐이다.

감정의 주인이 되는 방법은 시간과 공간을 이동하는 것이다.

일에 몰두하거나 다른 사람들에게 관심을 기울이다 보면 그 감정에서 쑥 빠져 나오게 된다.

또한 삶의 목적이 확실할 때 감정에 빠질 확률이 줄어든다.

큰 정신이 있기에 자그마한 감정들을 이겨낼 수 있는 것이다.

감정의 주인이 되어 감정을 조절하고 지배할 때 삶의 참다운 주인이 될 수 있다.

16

영혼을 망가뜨리는 망상으로부터 벗어나라

불만이나 초조감을 회피하는 또 하나의 방법은 언제나 머리 속에서 망상을 떨쳐 버리는 것이다. 그러나 터무니없는 망상이라고 해서 그저 웃어넘길 수는 없다. 그렇지 않다면 벌써 오래 전에 망상으로부터 벗어났을 것이다.

망상이 초래하는 폐해는 헤아릴 수 없이 많다.

현재 상태에 만족할 수는 없고, 그렇다고 해서 꾸준히 노력하여 한 단계씩 성장해 가려는 인내심도 없다. 그래서 상상의 날개를 펴고 자신이 원하는 상황을 설정하여 그 공상 왕국의 주인공이 되는 것이다. 그러나 현실적으로는, 자기 멋대로 펼치는 공상 속에서처럼 운명과 자연이 힘을 합쳐 타락한 인간을 위한 유토피아를 만들어 주는 일 따위는 있을 리 없다.

망상은 순식간에 인간의 영혼을 지배해 버린다. 왜냐하면, 의자에 가만히 걸터앉아서 자신이 정치가나 언론가, 세계의 지배자나 지도자가 되는 꿈을 꾸는 것이 현실 세계 혹은 전문 분야에서 성공하기 위해 필요한 노력을 기울이는 것보다 훨씬 쉽기 때문이다.

존슨 박사의 「라세라스」에 등장하는 현자는 별자리와 계절의 관계를 탐구하고, 거기에서 법칙을 이끌어내기 위해 10년이라는 시간과 사고력을 쏟아 부으며 온몸을 바쳐 노력했다.

망상에 사로잡힌 채 일생을 마치는 많은 사람들에 비해 이 현자는 얼마나 현명한가? 왜냐하면 이 현자의 마음은 점점 평화롭고 온화해진 데 반해 대부분의 사람들은 망상으로 인하여 마음이 황폐해지고 타락해 가기 때문이다.

사람의 마음은 망상에 의해 분명히 해를 입는다. 자기 자신의 마음을 생각해 보라. 잠시 꿈속을 헤매다가 현실 세계로 돌아오면, 그 현실은 버려진 성곽처럼 썰렁하고 쓸쓸해 보일 것이다.

공상 속에서도 많은 적들이 나타나겠지만 그래도 자신이 적보다 반드시 뛰어나기 마련이다. 결국 공상 속에서 만나는 어려움과 장애는 자신의 우월함을 증명하기 위한 도구일 뿐이다. 따라서 터무니없는 공상에 지배되다 보면, 곧 현실에 대해 불만을 느끼게 된다.

17

타고난 재능을 살려라

인간의 두뇌에는 신의 성스러운 업적이 가장 잘 깃들어 있다. 두뇌를 가꾸고 향상시켜야 하는 이유는 인간이 보다 고상한 존재가 될 수 있게 하려는 것이다.

우리가 두뇌를 단련함으로써 영혼은 이 세상에서 그 의무를 훌륭히 수행해낼 수 있으며, 태어난 이 세상을 떠나 죽음을 초월한 영원한 존재로 향할 때 고상하고 우월한 입장에 설 수 있게 된다.

우리 주변에는 가령 퍼거슨(1710~1776, 스코틀랜드의 천문학자)처럼 들판에서 양을 치면서 혼자 힘으로 실과 구슬을 이용하여 별의 위치를 정확하게 읽는다거나, 칼로 멋진 나무 시계를 만들 수 있는 소년도 있다. 그러나 이와 같은 천재성을 가진 예는 매우 드물고, 대부분의 사람에게는 격려의 말이나 도움이 되는 가르침, 자기를 이

끌어 줄 길잡이가 필요하다.

완전히 자기 생각대로 일을 성취할 수 있는 사람은 별로 없을 것이다. 그것은 우리가 필요한 경험을 하는 데 많은 시간이 걸리기 때문이다.

나 자신을 돌이켜 보더라도 때로는 길을 잘못 들고, 때로는 선택을 잘못했던 적이 있었다. 때로는 절호의 기회를 놓치고, 때로는 나쁜 습관에 물들기도 했으며, 편견에 사로잡히기도 했다. '다시 시작할 수 있다면, 현재 몸에 밴 경험을 토대로 훨씬 멋진 인생을 살 수 있을 텐데……' 하고 탄식하고 있다.

현재 뭔가를 배우고 있는 사람이 많을 것이다. 그러나 그 사람들 모두가 우수한 성적을 올리고 있다고 볼 수는 없다. 개중에 몇몇 사람은 아무리 노력해도 잘 안 될 것이다. 하지만 많은 사람들은 할 수 있다. 왜냐하면 대부분의 경우, 정도의 차이는 있겠지만 다른 사람으로부터 존경받는 유능한 인간이 되고자 하는 열망을 가지고 있을 것이기 때문이다.

다만 어떻게 하는 것이 좋을지 그 방법을 모르고 있을 뿐이다. 우리 주위에는 온갖 유혹이나 위험이 도사리고 있다. 그래서 자칫하면 용기를 잃고 희망과 불안, 확신과 실망 사이에서 방황하기 쉽다.

누구라도 좋으니 이야기를 들어 보라. 아무리 뛰어난 학식을 가진 사람이라 해도, 아무리 부지런한 사람이라 해도, 혹은 제아무리 자기 지식을 잘 응용할 줄 아는 재능있는 사람이라 해도 과거를 되돌아보면 한숨지으며 말할 것이다. '얼마나 많은 시간을 낭비했던가, 두 번 다시 찾아오지 않을 좋은 기회를 얼마나 숱하게 놓치고 말았던가……' 하고.

만일 모처럼 찾아온 기회를 자기 것으로 만들고, 주어진 시간을 낭비하지 않았더라면, 자기의 연구를 새로운 분야에까지 확대하여 큰 명성을 떨친 베이컨(1561~1626, 영국의 철학자)처럼 방대한 지식을 축적했을지도 모른다. 이미 과거의 사람이 된 위인들은 우리에게 유산으로써 지식의 보물을 남겨 주었다. 그러나 그 중에서도 가장 귀중한 지식은 금덩어리와 마찬가지로 자기 손으로 파내지 않으면 결코 손에 넣을 수 없다.

인간은 누구나 태어나면서부터 무엇이든 한 가지는 뛰어난 재능을 갖고 있다. 당신은 수학에서, 혹은 작가나 연설가로서 남보다 뛰어난 재능을 갖고 있을지 모른다. 아무튼 여러분 한 사람 한 사람에게는 어떤 분야에서든 뛰어난 분야가 있으며, 만일 그런 자신의 능력을 잘 신장시킨다면 반드시 그 분야에서 성공할 수 있으리라고 나는 믿어 의심치 않는다.

1612년 75세로 세상을 떠난 클라비우스(1537~1612, 독일의 수학자, 천문

학자)는 어렸을 때 예수회의 한 수도사에게 맡겨졌는데, 당시만 해도 그는 몹시 어리석어 보였다. 교사들은 그에게 이것저것 가르치려고 했지만 그다지 효과가 없었다. 그의 교사였다는 사실이, 나중에 그들 수도회의 이름을 전 세계에 떨치게 될 명예로운 일이 되리라고는 꿈에도 생각지 못했다. 한 신부가 그에게 기하학을 가르친 것이 그의 재능과 잘 맞아, 그는 마침내 당대 일류의 수학자가 되었던 것이다.

18
끊임없이 노력하라

수많은 사람들이 놀라운 눈초리로 지켜보는 가운데, 한 소년이 아주 높은 건물 위의 첨탑으로 기어오르는 것을 목격한 일이 있다. 바람이 세차게 불어 왔지만 소년은 아랑곳하지 않고 위로 올라갔고, 드디어 60여 미터의 높이에 있는 풍향계에 도달했다. 밑에서 그 광경을 지켜보던 사람들은 소년이 추락하지나 않을까 조마조마해하며 손에 땀을 쥐었다. 그런데 놀랍게도 소년은 풍향계에 올라서서 양손을 하늘 높이 들어 올렸다. 소년이 딛고 선 풍향계의 불안정한 발판이 바람에 흔들리며 이리저리 휘돌았다. 그때마다 사람들은 가슴을 쓸어내리며 비명을 질렀지만, 소년은 한참을 그곳에 버티고 서 있다가 유유히 내려왔다.

이 소년이 위대한 모험을 감행할 수 있는 사람임에는 틀림없다.

그런데 그 이후로는 이 소년에 대한 이야기를 듣지 못했다. 도대체 어찌된 일일까? 소년의 뛰어난 자질이 그 후로도 지속적으로 개발되지 못했거나, 혹은 타고난 재능이 올바른 방향으로 발휘되지 못했거나 둘 중 하나일 것이다.

진정한 천재가 이 세상에 태어나는 것은 극히 드문 일이다. 이 보기드문 천재들을 사람들은 부러워하거나 본보기로 삼지만, 실제로 이 세상을 더욱 밝고 멋지게 만드는 데 한몫 한 천재는 훨씬 적다.

열심히 배우는 목적은 타고난 갖가지 재능을 단순히 끄집어내는 데 있는 것이 아니라, 자기의 머리가 남보다 뛰어나다고 자만하지 않고 그것을 적극적으로 유용하게 활용하여 세상에 도움이 되도록 하는 데 있다.

천재라는 칭찬만큼 젊은이들이 동경하는 것은 없다. 그리고 끊임없는 노력과 차분한 연구를 하는 데 있어 인내심도 필요없고, 거침없이 해내는 것이 천재의 특징이라고 생각하는 사람이 많다. 그러나 아이작 뉴턴과 같은 진정한 천재는 "나와 다른 사람의 지적 능력의 유일한 차이는 강한 인내심이 있다는 것뿐이다."라고 말하고 있다.

당신에게는 뛰어난 두뇌와 건전한 판단력과 훌륭한 상상력, 그리고 사물을 폭넓게 보거나 생각하는 능력이 있을지도 모른다. 그러나 분명히 말하건대, 당신은 아마도 천재가 아닐 것이다. 그러므로 꾸준히 노력하지 않으면 결코 남보다 뛰어날 수 없는 것이다.

앞으로의 인생에서 당신이 얻게 될 모든 것은 끊임없는 노력의 성과일 것이다. 당신에게는 곁에서 격려해 주는 친구와 도움이 되는 많은 책, 그리고 스승이 있다. 그러나 자신의 지적 능력을 연마하고 길러 나가는 것은 결국 당신 자신이어야 한다. 아무도 당신을 대신하여 이런 일을 해주지 않는다. 그리고 적어도 이 세상에서 가치 있는 것은 무엇이든지 노력이라는 대가가 지불되는 법이다.

아주 뛰어난 것에는 반드시 끈질긴 연구가 뒤따르기 마련이다. 두뇌를 단련하지 않고, 많은 지식을 익히지도 않은 채 우연한 기회에 출세한 사람은 일시적으로 요란한 빛을 내뿜었을 뿐이다.

우리가 뭔가를 얻기 위해서는 반드시 노력이 뒤따라야 하며, 자기가 소유하거나 남에게 제공하는 가치 있는 것에는 모두 노력이라는 대가가 필요하다.

태평양을 아름답게 장식한 섬들을 보면 아직 원죄를 모르는 에덴동산이 몇 개씩 모여 있는 것처럼 보인다. 그러나 그 섬들은 작은 산호충이 하나하나 쌓이고 쌓여서 바다 밑으로부터 높이 솟아오른 것이라고 한다. 인간의 노력도 이와 마찬가지이다.

19
집중력을 길러라

무엇을 하든 그 일에 주의를 집중시킬 수 있어야 한다. 이렇게 할 수 있다면 이미 큰 어려움을 극복했다고 말할 수 있다. 이렇게 할 수 없는 사람은 어느 분야에서 성공하기를 원해도 결국 뜻대로 되지 않을 것이다.

무슨 일이든 성과를 올리려면 반드시 정신 집중이 필요하다. 가령, 어떤 한 가지 일에 주의를 집중하여야 할 때 다른 생각이 자꾸 머리 속에서 어른거린다면 지적 능력은 둘로 나뉘어져 이것도 저것도 못하고 쓸데없이 시간만 낭비하는 결과를 낳게 된다. 공부할 때에도 주의가 눈앞의 문제에만 완전히 몰입되어 두뇌가 그 이외의 일은 전혀 거들떠보지 않는 상태가 되어야 한다.

두 말할 필요도 없지만, 욕망이나 감정에 지배되어서는 절대로 주의력을 마음대로 제어할 수 없다. 욕망에 지배되어 있는 사람은 자기의 본래 의무를 철저히 이행하지 못한다. 외적인 영향의 지배를 받지 않으려면 먼저 자기 감정에 지배되지 않아야 한다.

칠판에 많은 수를 써놓고 계산하며 문제를 풀고 있는 소년이 얼굴을 찌푸리면서 썼다가는 지우고 또 처음부터 다시 쓰는 과정을 되풀이하는 동안에 점점 의욕을 잃게 되는 것은 왜일까? 그것은 소년이 아직 자기 주의력을 제어할 줄 모르기 때문이다. 잘 되어 가는데 어떤 새로운 생각이 머리를 스쳐가거나 혹은 잠시 한눈을 팔아 계산의 흐름을 놓쳐 버리게 되는 것이다.

여름날 아이들이 책을 들고 들이나 숲속으로 갔다가 결국은 다시 돌아오곤 하는 일이 있다. 장소를 바꾸면 자신들의 산만한 주의력을 잘 통제할 수 있지 않을까, 그리고 정신을 집중하기 시작했을 때 또 다시 스멀거리는 잡념도 이겨낼 수 있지 않을까 하는 기대에서 그렇겠지만 결국은 대부분 헛수고에 그치고 만다.

자기 자신으로부터 도망칠 수는 없다. 그러므로 가장 좋은 방법은 방에 조용히 앉아서 어렵고 재미없는 학과에 최대한 주의력을 집중하여 그 학과를 확실히 익히는 것이다. 그리하여 그 산만한 주의력을 한번 자기에게 복종하게 만들면 다음부터는 훨씬 쉽게 통제할 수 있게 될 것이다.

우리가 한 가지 일에 전념할 수 있는 이유는 뇌가 다른 감각이나 기능을 최대한 억제하기 때문이다. 그럴 때는 자신의 힘을 100퍼센트 혹은 그 이상으로 발휘할 수가 있다.

이런 집중력을 지속시킬 수만 있다면, 누구나 하루하루를 충실히 보낼 수 있을 것이다. 하지만 안타깝게도 집중력은 그렇게 오랜 시간 지속되지 않는다. 몇 시간 동안 계속 집중하는 것을 뇌와 육체가 감당하지 못하기 때문이다.

집중력을 유지하는 시간은 개인차가 크다. 어떤 사람은 15분이라고도 하고, 또 어떤 이는 90분이라고도 한다. 요컨대, 집중하기 위해 중요한 것은 집중력을 얼마나 오랫동안 유지하느냐가 아니라, 요소요소에 얼마나 효과적으로 집중력을 발휘할 수 있느냐 하는 것이다. 집중력을 발휘하는 데는 기복이 있고 또한 그 조건도 사람마다 각기 다르기 때문에 자신이 언제 어떤 상황에서 잘 집중할 수 있는가를 파악하고 있는 것이 중요하다.

5분명상

인간의 가치는
그가 가지고 있는 진리에 의해서 측정되는 것이 아니라,
그가 그 진리를 획득하기 위해 겪은 노고에 의하여 측정된다.

- 레싱

20
인내력 없이는 성공을 꿈꾸지 말라

*참을성*있게 노력하고 연구하는 것이야말로 일의 성과를 올리는 데 없어서는 안 될 조건이다.

젊은이에게는 짧은 시간 안에 어떤 새로운 일을 성취하려 하는 위험한 경향이 있다. 그들은 낙천적이며 막연한 희망에 불타고 있다. 자기 자신에게 실망한다거나 좌절했던 쓴 경험이 거의 없기 때문이다. 단숨에 거침없이 뛰쳐나가서 거인을 향해 강한 펀치를 날리려고 한다. 그 주먹은 어린 아이처럼 가냘프면서 말이다.

산 정상을 향해 한 걸음 한 걸음 오르는 일이나 몇 년에 걸친 자기 수양, 치밀하고 끈기있는 연구 등은 결코 쉬운 일이 아니다. 젊은이들은 이런 일이라면 질색이다. 차라리 아무도 모르게 알프스 최고봉에 올라가 기슭에서 두리번거리고 있는 사람들을 의기양양하게 내려다보고 싶어한다.

이처럼 뭔가 위대하고 화려한 일을 할 기회가 찾아오지나 않을까 하고 기다리는 사람이 많다. 그리고 아무런 노력도 하지 않고 단지 팔짱만 낀 채 하루하루 시간을 낭비하다가 세상을 떠난다. 하지만 그러한 기회는 꾸준한 노력을 기울였을 때만 찾아오는 것이다. 황소를 원한다면 먼저 송아지를 키우는 일부터 시작해야 한다는 사실을 명심하라.

저 위대한 아이작 뉴턴이 어느 날 자신의 서재에 돌아와 보니 오랫동안 써온 연구 논문이 엉망이 되어 있었다. 그가 기르던 강아지가 책상 위로 올라가 마구 짓밟고 물어뜯어 놓았던 것이다. 그래도 그는 강아지에게 부드럽게 말했다.

"네가 나쁜 마음을 먹고 한 짓은 아니잖니?"

뉴턴이야말로 참으로 위대한 인물이다. 그리고 이 경우의 위대성은 그의 인내심에 있다. 뉴턴은 한 마디의 불평도 없이 그 방대한 일을 하기 위해 다시 책상 앞에 앉았던 것이다. 그는 그 일을 이루기 위해 살았으며, 마침내 그 업적은 학계의 찬사를 받게 되었다.

뉴턴처럼 여러 해에 걸쳐 매일 책상 앞에 앉아 연구를 계속할 수 있는 인내력을 가진 사람은 매우 드물다. 이러한 자질을 키워나가는 것이야말로 교육의 중요한 역할이다.

인내력을 기르는 비결

1. 명확한 목표 - 당신이 무엇을 바라고 있는가를 확실히 알아야 한다. 이것은 인내력을 개발하는 가장 중요한 열쇠이다. 강력한 동기 부여야말로 온갖 고난을 극복해 가는 힘이 되어 준다.

2. 간절한 소망 - 더욱더 열렬하고 간절한 소망을 갖는다. 당신의 소망이 뜨겁게 타오르게 되면 누구보다도 강한 인내력이 발휘될 것이다.

3. 자신감 - 당신의 능력, 가치를 믿는다. 자신감과 용기는 인내력을 지탱해 준다.

4. 구체적인 계획 - 명확하고 구체적인 계획을 세운다. 계획을 세워나가는 동안 점점 인내력이 생기는 것을 느낄 것이다.

5. 정확한 지식 - 자기 경험과 관찰을 토대로 지식을 쌓는다. 지식을 사용하지 않고 단순한 억측이나 짐작만으로 판단하는 것은 인내력을 파괴할 뿐이다.

6. 굳은 의지 - 명확한 목표를 향해 항상 마음을 집중시키려는 노력은 인내력의 밑거름이 된다. 자기 자신과의 싸움에서 지지 않도록 최선을 다하려는 의지가 필요하다.

7. 습관화 - 인내하는 것을 습관화하여 몸에 배도록 노력해야 한다. 하루하루 경험이 쌓여 보다 성숙해진 자신을 발견하게 될 것이다.

8. 성공적인 미래상 - 성공해 있는 미래의 모습을 그려보는 것도 인내심을 키우는 데 도움이 된다.

8. 일의 성과 - 그날 한 일에 대해 성과를 남기면 지치지 않고 계획대로 목표를 향해 나아갈 수 있다. 매일 성과를 남기기 어렵다면 일주일에 한 번도 괜찮다.

21
스스로 생각하고 행동하라

자기 스스로 생각하고 행동하는 습관을 길러야 한다. 진정한 독창성은 무슨 일이든 자신의 방법대로 훌륭하게 해내는 것이다. 어설픈 교육을 받은 사람은 대체로 남의 흉내를 내기 쉽다.

"남을 모방하여 큰 인물이 된 사람은 없다."

그 가장 큰 이유는 위대한 인물의 결점이나 좋지 않은 면을 모방하는 것이 장점을 모방하기보다 훨씬 쉬워 나쁜 습관이 먼저 몸에 배게 되기 때문이다. 자신도 모르는 사이에 남을 모방하는 버릇이 습관이 되어 스스로를 단련하거나 발전시키지 못하고 인생을 헛되게 보내는 사람이 적지 않다.

영국 작가로 「영어사전」을 혼자서 완성한 존슨 박사를 모방한 사람 중에 그만큼 화려하고 풍부한 언어를 구사한 사람이 있었을까?

바이런(1788~1824, 영국의 낭만파 시인)을 흉내내려 한 사람 중에 시인으로서 이름을 남긴 사람이 있었을까? 한 사람도 없다. 기껏해야 바이런의 운율을 흉내내고 좋지 않은 행동을 따른 것이 고작이었다. 바이런과 같은 천재성은 없이 단지 그의 부도덕성만 본받았을 뿐이다.

내용과 방법에 있어서 모두 남의 것을 빌려 오는 편이 자기 나름대로의 방법을 찾기보다 훨씬 쉽다. 그러나 일찍이 남의 것을 모방하여 성공한 예는 한 사람도 없었다는 사실을 명심하라.

자기 나름대로의 개성을 갖고 그 개성을 조절할 수 있어야 한다. 위대성이나 선량함은 아무리 노력해도 모방할 수 없는 것이다. 인내심과 노력에 의해서 자기만의 개성과 규범을 갖도록 하자.

자주적인 생활태도를 가지려면?

- 다른 사람의 의견을 경청하고 자신의 생각과 의견을 비교해 본다.
- 평소에 자기가 할 일은 스스로 생각하고 결정하는 습관을 가진다.
- 자기의 실수나 잘못을 남의 탓으로 돌리거나 변명하지 않고, 책임지고 반성하는 생활을 한다.
- 같은 문제라도 새로운 해결점을 생각해 본다.
- 평소 많은 독서를 통하여 옳고 그름을 판단하는 연습을 하도록 한다.

22

판단력을 길러 가치있는 일을 하라

배움의 또 다른 목적은 판단력을 기르는 것이다. 그것은 두뇌가 사물을 탐구할 수 있도록 하기 위해서이며, 단순한 의견에 불과한 것과 근거있는 학설을 비교 검토할 수 있도록 하기 위해서이다.

이러한 판단력이 없으면 읽어야 할 책과 그렇지 않은 책을 구별하지 못한다. 즉 어떤 저자를 믿을 수 없으며, 어느 견해가 타당한지 판단할 수 없는 것이다.

열심히 노력하며 많은 책을 읽는 사람 중에도 훌륭한 업적 하나 없이 생애를 마치는 사람이 있는데, 그것은 정확한 판단력이 부족하기 때문이다.

이런 사람에게는 설사 아무리 사실과 동떨어진 모순 투성이의 말이라도 가장 최근에 들은 주장이 옳은 것처럼 보인다. 아무리 가치가 없는 책이라도 가장 최근에 읽은 책을 가장 좋은 책으로 여긴다. 그리고 그에 대해 아직 모르는 면이 가장 많다는 이유로 새로 알게 된 사람이 가장 소중하게 생각된다.

이 세상에는 사람들이 할 수 있는 일이 산더미처럼 많지만, 실제로는 아무런 도움이 되지 않는 것들도 적지 않다. 힘만 들 뿐 보잘것없는 일들도 있어 그런 일에 힘을 쏟다 보면 자신의 지적 능력을 가치있는 일에 쓸 수 없게 된다. 즉 무의미하고 쓸데없는 일에 얽매이고 마는 것이다.

한 이탈리아 작가는 이렇게 쓰고 있다.

"예전에 내가 만난 양치기는 늘 혼자서 달걀을 공중에 던져 올렸다가 그것을 깨뜨리지 않고 받아내며 시간을 보내곤 했다. 그 솜씨는 실로 대단했는데, 동시에 네 개의 달걀을 공중에 던져 올리고 차례로 손에 받는 동작을 몇 분 동안 계속하기도 했다. 나는 그 양치기의 얼굴만큼 진지한 표정을 일찍이 본 적이 없었다. 끈질긴 인내심과 한 가지 일에 몰두하는 모습, 그만한 노력과 주의력을 자기 소질 개발을 위해 썼더라면 그 양치기는 아르키메데스보다도 뛰어난 수학자가 되었을지 모른다는 생각이 문득 들었다."

이런 예는 적지 않다. 내가 알고 있는 한 소년은 책을 거꾸로 들고 읽는 연습을 열심히 하고 있었다. 그 결과 이 소년은 책을 술술

읽게 되었고, 라틴어 문법이나 그 밖에 아무리 까다로운 공부도 모두 이런 방법으로 익혔다. 그런데 이것은 단지 시간 낭비일 뿐만 아니라 아무 쓸모없는 기능을 익히고 있는 데 불과하다. 이처럼 배워야 할 것과 그렇지 않은 것을 구별하는 것은 교육이나 배움의 중요한 부분이다.

내가 이제까지 말해 온 내용을 읽고, 만일 독자들이 유명하고 영향력 있는 유능한 사람이 되는 데 있어 폭넓은 지식은 필요없다는 인상을 받았다면 그것은 오해이다.

내가 여기서 하고 싶은 말은, 젊은이들이 최우선 목표로 삼아야 할 것은 이제부터 축적해 나갈 지식을 활용할 수 있는 뛰어난 두뇌를 만드는 것이라는 사실이지, 처음부터 지식을 모을 필요가 없다는 말은 아니다.

5분명상

세상에서 가장 좋은 벗은 내 자신이며
세상에서 가장 나쁜 벗도 내 자신이다.
나를 구할 수 있는 가장 큰 힘도 내 자신 속에 있으며
나를 해하는 무서운 칼날도 내 자신 속에 있다.
이 두 가지 내 자신 중 어느 것을 쫓느냐에 따라 운명이 결정된다.

- 윌만

23
언제나 머리를 써서 두뇌를 단련하라

두뇌야말로 세상에 영향을 미치는 위대한 도구이다. 이 두뇌만큼 많이 훈련하고 사용할수록 결정적으로 그리고 끊임없이 발전하는 도구는 없다.

자기의 능력을 한꺼번에 모두 써버리는 것은 어리석은 일이라고 생각하는 사람들이 많다. 힘은 무슨 일이 있을 경우를 대비하여 비축해 둬야 한다는 것이다. 마치 평소에는 말을 천천히 조심스럽게 몰다가도 급할 때는 박차를 가해야 하는 것처럼……. 만일 두뇌가 말의 근육이나 뼈와 같은 것이라면 이 말은 적합할지도 모른다.

어떻게 하면 머리를 덜 쓸 수 있을까, 사고력을 조금만 발휘하면 어느 정도 알 수 있을까 하고 열심히 생각할 때가 아이러니컬하게도 무슨 일을 하고 있을 때보다 오히려 더 머리를 쓰는 것이라고 말하는 사람도 있다. 이런 사람들은 혹시 머리를 많이 쓰면 그 속에 들어 있는 것이 다 소모되어 기능이 쇠퇴한다고 생각하는 게 아닐까?

활은 아무리 힘껏 잡아당겨도 부러지지 않고 절반만 휘도록 되어 있다. 당신은 머리에 대해 그런 걱정 따위 할 필요가 없다. 지금 당장이라도 머리를 최대한으로 사용하여 그 능력을 활용해 보라. 머리는 점점 활발히 움직일 것이며, 그렇게 하는 것이 당신에게도 이롭다는 사실을 깨닫게 될 것이다.

그리고 내일도 그렇게 해보라. 반복할수록 머리는 당신의 요구에 따라 더욱 빨리 반응하게 될 것이다. 두뇌는 가끔 활용하기보다 언제나 움직이는 편이 진정한 의미에서 단련이 된다는 사실을 잊지 말라.

만일 두뇌를 철저히 단련하고 싶다면 공부하는 몇 시간 동안은 끊임없이 머리를 써야 한다. 철저하게 단련된 두뇌란 우연히 잘 움직이거나 놀라운 능력을 발휘하는 두뇌가 아니라, 일정한 시간에 반드시 일정한 성과를 올릴 태세가 항상 갖추어진 두뇌를 말한다. 자극이 없으면 움직이지 않는 두뇌의 소유자는 그 자극이 올 때까지 기다려야 하고, 따라서 평생 아무것도 성취하지 못할 것이다.

24
인간의 본질을 간파하는
통찰력을 길러라

인간의 본질에 대해 배우도록 하라.

흔히 인간은 자기 주위 사람들의 일밖에 알지 못한다고 생각하기 쉽다. 아니 많은 사람들이 그렇게 생각하고 있으며, 그런 사람들이 장사하는 방법을 잘 알고 있다는 사실을 나도 인정한다.

그러나 만일 우리가 학업을 마쳤을 때, 인간의 본질을 간파하는 투철한 통찰력을 갖고 있지 못하다면 그것은 본인의 책임이거나 혹은 교사들의 책임이다.

보통 사람들은 '이러이러한 경우 인간은 이러한 행동을 취할 것이다.' 하고 아주 쉽게 단정한다. 그러나 설사 그들의 결론이 정확할지라도 여전히 그런 행동을 취하는 동기를 파악하지 못하고 있으며, 따라서 인간의 마음을 깊이 통찰하지도 못하고 있다.

그런 사람에게 주위 사람들의 의식을 깊이 파헤쳐 보게 한다면, 일부 사실은 파악할 수 있을지 모른다. 그러나 과연 서재에서 마음 속 깊이 숨어 있는 인간의 본질에 관해 읽고 그것에 대해 깊이 생각한 사람만큼 잘 꿰뚫어볼 수 있을까?

조나단 에드워드(1703~1758 미국의 신학자)만큼 다른 사람들과 접촉하지 않고 인생을 보낸 사람은 없을 것이다. 그럼에도 불구하고 그는 인간의 본질에 대해서 아주 잘 알고 있었다. 에드워드가 쓴 책을 읽어 보면, 그는 인간의 본질이 무엇인가를 아주 정확하게 파악하고 있었다는 사실을 전혀 의심할 수 없다. 에드워드와 같은 사람은 세상에 이름을 떨치더라도 전혀 자만하거나 잘못된 행동을 하지 않는다.

그는 말이나 옷을 사는 일에는 좀 서툴지 모른다. 그런 사소한 일에 신경을 쓴 적이 없기 때문이다. 그러나 그는 외과의사가 인간의 몸을 해부하는 것보다 훨씬 더 정확하게 인간의 마음을 해부했다.

에드워드는 자기가 소유하고 있는 소가 몇 마리인지도 파악하지 못했다고 한다. 조금이라도 자신에게 유리한 거래를 하려고 하는 세상 사람들 속에서 에드워드만큼 인간의 본질을 깊이 파악하고 있었던 사람을 발견하기는 어려울 것이다.

이것은 에드워드만의 특징이 아니라, 진실로 사물의 이치를 배우려고 하는 모든 사람들의 공통된 특징이다. 그들은 시대나 유행과 같은 외적인 상황에 의해 변하는 일이 없는 인간 내면의 깊숙한 본질적 원리를 추구하려고 한다. 그러므로 교양있고 인품이 높은 사람은 때때로 사람의 마음을 꿰뚫는 듯한 화살을 쏘는 것이다. 한편 그렇지 못한 사람은 단지 활 소리만 쓸데없이 울릴 뿐으로, 소리는 요란한데 표적을 맞추는 화살은 하나도 없다.

진지하게 공부하는 사람은 인간을 잘 이해한다고 말하면 아마도 우습겠지만, 그렇다면 번개의 전류 실험을 하면서 그 순간 구름의 모습이나 속도가 어떠했는지 기억하지 못하는 학자에 대해서는 웃어도 좋다는 말인가?

5분명상

만일 내 생애 최후의 순간이라고 가정했을 때
하기 꺼려지는 것이면 절대로 하지 말고, 내가 죽게되었을 때
'그 일을 했으면 좋았을 텐데' 하고 바랄만한 것을 하며 살라.
매일 밤 잠자리에 들기 전 내가 오늘 게으름을 피웠는가,
무슨 죄를 지었는가, 내 자신을 부정했는가 등에 대해 자문해 보라.
매일, 매주, 매달, 매년 마지막에 어떤 면에서 더 낫게 행동할 수 있었는데
그렇지 못했던 것이 있었는지에 대해 자문해 보라.

- 조나단 에드워드

25
겸허한 마음을 지녀라

자기 자신을 아는 것 또한 배움의 중요한 목적이다. 세상에는 오랜 지적 훈련을 거치지 않고도 높은 지위에 올라 그 지위를 유지하는 사람도 더러 있다. 그러나 다른 사람으로부터 자기의 능력을 확실히 평가받지 못하면 자칫 자신의 지식을 내세워 교만해지기 쉽다.

자기가 할 수 없는 일이 무엇인지 깨닫는 것은 할 수 있는 일을 잘 알고 있는 것과 마찬가지로 매우 중요하다. 다른 사람과의 지적 교류를 통해 자기의 지적 능력이 향상되고, 두뇌가 더욱 명석해질 뿐만 아니라 단련되어 자신의 능력에 대해서도 한층 겸허해질 수 있다. 또한 당신이 자부하는 학식과는 견줄 수도 없을 정도의 깊은 학식과 뛰어난 두뇌를 가진 사람들을 적지 않게 만나게 된다.

진지하게 공부하는 사람들과 함께 몇 년 동안 배우게 되면, 나중에는 자기도 현명해진 듯한 느낌이 드는 사람은 틀림없이 그 본성에 어떤 타고난 결함이 있는 것이다. 실제로는 그는 이제 겨우 학문의 출발점에 발을 들여놓았을 뿐이며, 신의 무한한 창조 행위와 같이 무한히 확대되는 지식과 진보의 영역을 살짝 엿본 것에 불과하기 때문이다.

인간은 왜 자기 자신을 정확히 알 필요가 있는 것일까? 자기를 과대평가하면 어떻게 되는가?

내 대답은 쉽게 말해서, 자기가 예금한 돈 이상의 금액을 인출하고 싶어도 절대로 안 된다는 것이다. 사람은 누구에게나 적지 않은 허영심이 있으며, 타인을 평가할 때는 최소한의 가치만 인정하려고 한다. 따라서 당신이 만일 자신의 학식이나 가치를 과대평가하고 있다면, 당신보다 학식이 높은 사람과 함께 있을 때 당신의 가치가 깎여 불쾌감을 느끼게 될 것이다.

같은 학식의 소유자라면, 겸허한 사람 쪽이 건방진 사람보다 훨씬 동료들로부터 배려나 이해를 받기 쉽다. 그 겸허한 마음이 흔들리지 않기 위해서는 언제나 올바른 자기 인식이 바탕이 되어야 한다. 그리고 그것이야말로 배움의 성과이다.

26
지혜의 전달 수단인
기억력을 향상시켜라

우리는 자칫하면 기억력을 과소평가하기 쉽다. 기억력은 대단히 중요한 것으로, 결코 가볍게 보아서는 안 된다. 왜냐하면 기억력 덕분에 놀랄 만한 일이 이루어지기도 하기 때문이다. 자기가 읽은 책의 내용이나 사상을 잘 파악하여 뇌리에 새겨 두는 기억력과, 비교 검토하는 판단력을 갖춘 사람이 두각을 나타내지 않는 경우는 거의 없다.

기억력이 너무 좋으면 독창적인 아이디어를 창출하는 능력이 줄어들지 않을까 하는 염려 때문에 기억력을 향상시키는 일은 소홀히 하는 사람들이 적지 않다. 남을 흉내내는 식의 발상밖에 하지 못하게 되지 않을까 하는 두려움 때문이다.

그러나 그렇게 두려워할 정도의 위험성은 전혀 없다고 생각한다. 왜냐하면 뛰어난 기억력을 갖는 데 두려움을 느끼는 사람 중에 놀랄 만한 독창성을 지닌 사람은 거의 찾아볼 수 없기 때문이다.

수많은 책 속에 있는 방대한 양의 사상이나 관찰, 경험도 만일 우리가 그것을 발판으로 지식의 한계와 영역을 더욱 확대해 나가지 않는다면 대체 무슨 의미가 있겠는가? 그리고 우리가 살고 있는 이 어두운 세계에서는 설사 남에게서 빌려온 빛일지라도 어쨌든 빛을 비춰 주는 혹성이 있다는 것은 고마운 일이 아닐까? 한 인간의 머리에 떠오르는 독창적인 아이디어는 생각보다 훨씬 적다.

젊은 시절, 독서를 하면서 가슴 설레는 신선함을 느꼈던 기억이 있을 것이다. 젊은이들에게 세계는 미지의 일로 가득차 있다. 새롭고 매혹적인 대지에 발걸음을 내딛는 것이다. 하지만 분별력이 있는 나이에 이르면 차츰 감정이 무뎌진다. 젊었을 때처럼 신선한 감동을 느끼면서 책을 읽을 수 있다면 얼마나 좋을까 하고 지난 날을 그리워한다.

왜 신선한 감동을 느끼지 못하는 것일까? 그것은 새로 손에 든 책이 이미 새롭지 않기 때문이다. 이미 같은 생각이나 비슷한 생각을 몇 번이나 해왔으며, 책을 읽을수록 다음에 읽게 될 책의 독창성을 감소시켜 버리기 때문이다.

그러므로 처음에 생각했던 만큼의 독창성이 사람이나 책 속에 없다면, 사람들 사이에서 지식을 전달해 가는 수단인 기억력은 대단히 소중한 것인 셈이다. 따라서 기억력을 향상시키는 것은 매우 중요한 일이다. 여기서 이 점을 언급하는 것은 지금 그 구체적인 방법을 제시하기 위해서가 아니라, 단지 그 무한한 중요성에 대해서 말하고 싶어서이다.

이제까지 말했듯이, 배움의 목적은 모든 면에서 두뇌를 단련시키는 데 있다. 우리가 활용할 도구의 내용을 알고 그 이용 방법을 익혀야 한다.

우리의 머리 속에 있는 지식의 양은 결코 방대하지 않고 또 그럴 필요도 없다. 아무리 훌륭한 펌프라도 만일 그것이 끊임없이 물이 솟아나는 물줄기와 닿아 있지 않다면, 혹은 닿아 있더라도 곧 가동할 장치가 갖춰져 있지 않다면 쓸모없게 되고 만다.

지식도 이와 마찬가지이다. 설사 지금 갖고 있는 지식이 모두 증발해 버렸다 해도 그것은 바다에서 하늘로 올라가는 수증기처럼 다른 경로를 통해서 다시 근면한 사람에게로 틀림없이 돌아올 것이다.

5분명상

> 승리하면 조금 배울 수 있고, 패배하면 모든 것을 배울 수 있다.
>
> — 크리스티 매튜슨

27
우선 해보겠다는 마음가짐이
기적을 낳는다

자신의 행동 기준을 지나치게 높게 설정하는 것은 위험하다는 견해가 있다. 그러나 나는 이같은 견해는 매우 잘못된 발상이라고 생각한다.

어떤 한 사람이 할 수 있는 일이라면 다른 사람 역시 할 수 있다. 따라서 인간으로서 할 수 있는 일이라면 가능한 한 무슨 일이든 도전해 보아야 한다. 인간은 이성이 있는 유일한 동물로서 최고의 행동 기준을 만족시키기 위해 끝없이 노력하는 것이 인간의 의무라고 할 수 있다.

목표를 낮게 세운 사람은 작은 일밖에 달성할 수 없다. 그러므로 이상을 높고 크게 설정해 두고 대담한 일에 도전해 보아야 한다. 이러한 생각을 항상 마음속에 새겨두고 있는 사람과 그렇지 않은 사람은 인격, 행동, 성격 등에서 큰 차이가 나타난다.

우리 주위에는 인생의 지침이 될 만한 목표를 전혀 갖고 있지 않은 사람, 또는 가졌다고 해도 낮은 목표밖에 세우지 못한 사람이 있다. 그러나 그 반대로 높은 목표를 세우고 인생의 출발점을 힘차게 내딛는 사람도 있다. 발전과 성공의 척도는 개개인이 설정한 목표의 높이에 따라 결정되는 것이다.

옛 속담에 "태양을 향해서 화살을 쏘는 자는 비록 태양을 맞추지는 못할지라도 자기 키 높이만큼의 과녁을 겨냥하는 사람보다는 더 높이 쏘아올릴 수 있다."는 말이 있다.

인격 형성이라는 점에 비추어봐도 그것은 맞는 말이다. 그렇다고 해서 불가능한 것에 도전하는 것만이 높은 목표를 가졌다고 할 수는 없다.

'자기 스스로 결정한 일이라면 무슨 일이든 행동으로 옮겨라. 그러면 성취할 수 있다.'고 말한다면 너무 지나친 것일까? 결코 그렇지는 않을 것이다. 사회에서 요구하는 사람이 되겠다고 결심하고 노력하면 반드시 그렇게 될 수 있다.

내가 보건대, 요즘 젊은이들은 자기 자신의 능력이나 가능성에 대해서 전혀 눈뜨지 못하고 있는 것 같다. 큰 일 또는 훌륭한 일을 해낼 수 있는 능력이 자기 자신에게도 있다는 자신감이 없기 때문에 젊은이들은 그만큼 열심히 노력해야 한다는 사실을 깨닫지 못하고 있다.

알렉산더 대왕이나 시저, 찰스 대제, 나폴레옹 또는 워싱턴과 같은 인물들은 어떻게 해서 위대해졌을까? 그들 역시 우리와 똑같은 인간이었다.

자신의 능력을 최대한 발휘한 것이 그들로 하여금 위대한 인물이 되게 한 가장 큰 원인이었다. 따라서 중요한 것은 '그들에게 가능한 일이라면 나도 반드시 할 수 있다. 꼭 해내고 말겠다.'는 신념을 갖는 일이다. 그런 신념이 없다면 조금이라도 그들과 가까워지려는 의욕을 가져야 한다. 결심만 한다면 웬만한 일쯤은 성취할 수 있다.

'한번 해보자' '우선 시작하자'는 마음가짐이 커다란 성과를 가져오는 경우도 많다. 해보지도 않고 불가능하다고 생각하면 아무것도 할 수 없다. 해보겠다는 결심이 기적을 낳는 것이다.

어떤 일을 추구함에 있어 누구나 성공도, 실패도 할 수 있지만 중요한 것은 '해보는 것', 배우려는 자세와 최고가 되려는 마음가짐이다. 남들보다 부족한 것을 배우고, 필요하다고 느끼는 것을 배우며, 이를 내것으로 만들려는 자세, 끈기와 의지가 성공 요인이다.

행복의 주인공이되는법

1. 고난 속에서도 희망을 가진 사람은 행복의 주인공이 되고,

    고난에 굴복하고 희망을 품지 못하는 사람은 비극의 주인공이 된다.

2. 하루를 좋은 날로 만들려는 사람은 행복의 주인공이 되고,

    '나중에' 라고 미루며 시간을 놓치는 사람은 불행의 하수인이 된다.

3. 힘들 때 손 잡아주는 친구가 있다면 당신은 이미 행복의 주인공이고,

    그런 친구가 없다고 생각하는 사람은 불행하다.

4. 사랑에는 기쁨도 슬픔도 있다는 것을 아는 사람은 행복하고,

    슬픔의 순간만을 기억하는 사람은 불행하다.

5. 작은 집에 살아도 잠잘 수 있어 좋다고 생각하는사람은 행복한 사람이고,

    작아서 아무것도 할 수 없다고 생각하는 사람은 불행한 사람이다.

6. 남의 마음까지 헤아려 주는 사람은 이미 행복하고,

    상대가 자신을 이해해주지 않는 것만 섭섭하게 여기는 사람은 이미 불행하다.

7. 미운 사람이 많을수록 행복은 반비례하고,

    좋아하는 사람이 많을수록 행복은 정비례한다.

8. 용서할 줄 아는 사람은 행복하지만,

    미움을 버리지 못하는 사람은 불행하다.

9. 웃는 얼굴에는 축복이 따르고,

    화내는 얼굴에는 불운이 따른다.

10. 시련을 견디는 사람은 행복으로 가는 합격자가 되겠지만,

    포기하는 사람은 불행으로 가는 낙제생이 된다.

28

편견에 치우치지 않는
공정한 판단력을 길러라

사람에 따라서는 방금 만난 사람의 성격을 거의 직관적으로 판단할 수 있는 사람이 있다. 또한 책장을 슬슬 넘기다가 어떤 페이지의 한 부분을 읽고, 또 다른 페이지의 한두 문장을 훑어 보는 것만으로도 서슴없이 그 책의 가치를 결정해 버린다.

하지만 어떤 사람이나 작가에 대해 일단 좋지 않은 편견을 갖게 되면, 거기에서 좀처럼 벗어나지 못하는 법이다. 그렇게 되면 판단이 왜곡되거나 편견에 사로잡힌 사람이 되기 쉽다. 그 정도가 심해지면, 판단력보다는 편견에 좌우되어 행동하는 습관이 몸에 배어 버린다.

편견에 치우치지 않고 아주 공정하게 사물을 생각하는 두뇌를 갖는다는 것은 행복한 일이다. 그러나 그런 두뇌를 타고난 사람은 없으며, 설사 그런 두뇌를 갖고 있다 해도 전혀 편견을 갖지 않고 행동하기는 더욱 어려운 일이다.

공정한 판단력을 갖춘 사람은 극히 드물다. 그 중에서도 평소에 편견에 좌우되지 않는 사람은 더욱 적고, 언제나 편견으로부터 완전히 자유로운 사람은 거의 없다.

예전에 한 시계방 주인에게서 들은 이야기가 생각난다.

한 신사가 시간이 잘 맞지 않는다며 아주 정교한 시계를 가지고 찾아왔다. 그것은 아직까지 본 적이 없는 최고급 시계였다. 시계방 주인은 그 시계를 분해하고 조립하기를 20여 차례나 되풀이했지만 아무런 이상이 없어 보였다. 그럼에도 불구하고 여전히 시간이 맞지 않았다.

온갖 궁리 끝에 혹시 평형륜이 거의 자석화되어 있는 것은 아닐까 하는 데 생각이 미쳤다. 그래서 바늘을 그곳에 대어 보니 과연 그 생각대로였다. 고장의 원인이 거기에 있었던 것이다. 다른 금속 부품이 평형륜의 움직임에 끊임없이 영향을 받고 있었다. 새로운 평형륜으로 갈아 끼웠더니 시계는 잘 맞았다.

아무리 훌륭한 판단력을 가진 두뇌라도 편견이라는 자석에 이끌리면 반드시 빗나가는 법이다.

자기 자신에 대해서는 누구나 으레 과대평가를 하는 경향이 있다. 이 점을 잊지 말아야 한다. 친구들에게 인기가 있으면 점점 교만해진다. 친구 사이에서는 서로의 결점을 잘 보지 못하고, 설사 알아차렸다 하더라도 너그럽게 보아 넘기기 쉽다.

한편 적대관계에 있는 사람의 비판은 매우 날카로워 기분을 상하게도 하지만, 그것이 정확한 경우가 많다. 적어도 그 사람들은 우리가 결코 보고 싶어하지 않는 결점을 눈앞에 드러나게 해준다.

물고기를 잡는 방법을 가르쳐라

유태인들은 자녀에게 지식보다는 지혜를 먼저 가르친다. 지혜란 가정에서 부모에 의해 길러지는 것으로, 지혜로운 자만이 지식을 올바로 사용할 수 있다.

지식이 풍부한 사람은 어떤 문제가 생겼을 때 그것을 해결할 수 있는 지식은 많이 갖고 있지만, 그 지식들을 어떻게 활용해 문제를 해결할 것인가 하는 것은 모르는 경우가 있다. 그러나 지혜로운 사람은 자기가 지닌 지식을 활용하여 현명하게 문제를 해결해낼 수 있다. 지혜란 곧 올바른 판단을 내릴 수 있는 힘을 말한다.

유태인의 격언 중 가장 유명한 것이 바로 자녀 교육을 낚시에 비유하여 자녀를 사랑할수록 '물고기를 잡아주기보다는 물고기를 잡는 방법을 가르치라.' 는 말이다.

물고기를 잡아준다는 것은 기존의 지식을 그대로 전달해주는 것이며, 물고기를 잡는 방법을 가르친다는 것은 바로 삶의 지혜를 가르치는 것을 의미한다.

지혜가 없는 지식은 그 깊이가 낮지만, 지혜가 밑바탕에 깔린 지식은 그 깊이가 깊어 아무리 퍼내도 마르지 않는 샘물과 같다.

진심으로 공부를 좋아하여
어떻게든 지식을 얻고자 하는 마음만 있다면,
병이나 재난 이외에 부득이하게
학문을 중단시키거나 공부의 수단을
빼앗아 버릴 만한 일은 아무것도 없다.

나를 바꾸는
공부 방법

study

29
모든 주의력과 사고력을 집중하라

배우는 일이야 쉽게 할 수 있을 것 같다. 공부할 방이 있고, 책이 있고, 강의를 들을 수 있다면 그 외에 무엇이 더 필요하겠는가?

요컨대 '어떻게 공부해야 하는가' 가 문제이다. 설사 공부 이외에 달리 할 일이 없고, 걱정거리나 번거로운 일 따위가 전혀 없음에도 학습에 방해되는 것들이 잇달아 생겨나기 마련이다. 그 방해란 좋지 않은 몸의 컨디션이거나 공부하기가 지겹게 생각되는 계절 탓일 수도 있다. 그리고 학습에 의욕을 잃게 되거나 능률적인 공부 방법을 알지 못하고, 시시한 책을 읽으면서 소중한 시간을 낭비할 수도 있다. 그 중에서도 타고난 게으른 습관은 특히 방해가 된다. 게으른 습관이 있으면, 공상에 빠지기 쉬운 자기 자신을 다그치고 원래의 일에 다시 정신을 집중하려는 마음이 생기지 않는 법이다.

그 원인이 마음 속에 있건 밖에 있건, 아무런 방해도 받지 않고 공부에 전념할 수 있는 사람은 없다. 왜냐하면 바삐 돌아가는 현실 생활에서 만일 일주일에 단 2시간이라도 전혀 방해가 없는 시간을 가질 수 있다면 그것은 특별한 것으로 여겨지기 때문이다. 그러므로 설사 중단되거나 방해를 받더라도 곧 다시 중단된 곳에서 사고를 계속하는 습관을 들여야 한다. 이런 능력이 있으면 적극적으로 살아갈 수 있으며, 웬만한 장해는 문제삼지 않게 된다.

몇 시간 공부해야 한다는 기준은 절대로 없다. 그것은 개개인의 자질에 따라 다르기 때문이다. 두뇌 회전이 더딘 사람은 남보다 많은 공부 시간을 필요로 할 것이며, 또 그것을 감당해야 한다. 주의력을 집중시키지 않고 오랜 시간 공부하기보다는 최대한 주의력을 집중하여 짧은 시간에 충실히 공부하는 것이 훨씬 효과적이다. 하루에 6시간 동안 모든 주의력을 집중하여 공부할 수 있는 사람은 틀림없이 뛰어난 결과를 보일 것이다. 그러나 미리 말해 두지만, 그것은 정신적으로 녹초가 될 만큼 힘든 일일 것이다.

공부는 가능한 한 오전중에 하는 것이 좋다. 오전중에 두뇌 회전이 가장 활발하기 때문이다. 모든 주의력과 사고력을 집중하여 공부하는 대상과 맞서야 한다. 마치 햇빛으로 불씨를 얻을 때, 광선을 최대한 렌즈의 초점에 모으듯이……

30
한 걸음 한 걸음 철저히 정복하라

나의 학문을 완전히 익히는 것은 한 국가를 정복하는 것과 비슷하다. 보루나 요새를 하나하나 철저히 정복해 나가면 잇달아 승리를 얻을 수 있겠지만, 만일 여기저기에 보루나 요새를 남겨둔 채 진격한다면 자기의 배후에서 적을 맞게 되어 다시 싸워야 한다.

무슨 일이든 수박 겉핥기식으로 적당히 처리하는 버릇이 생기면, 이처럼 틀림없이 굴욕감을 느끼고 자존심에 상처를 입게 될 것이다. 그러므로 무엇을 하든지 철저히 하는 습관을 들여야 한다. 처음에는 그다지 큰 발전은 기대할 수 없을 것이다. 그리고 발전이 있다 해도 지극히 미미한 수준일 것이다. 하지만 앞으로의 긴 인생을 살다 보면 분명히 승리의 기쁨을 맛볼 수 있을 것이다.

원래 유능한 두뇌를 갖고 있으면서도 치밀함이 부족한 탓에 굴욕감을 맛보거나 후회하게 되는 사람을 나는 많이 보아 왔다. 대충 주워들은 어설픈 지식이 많기보다는 양은 적더라도 정확한 지식, 즉 확실히 몸에 익힌 지식을 갖는 것이 훨씬 낫다. 1시간의 수업 혹은 1권의 책을 완전히 철저하게 이해하는 편이 10시간의 수업 혹은 10권의 책을 어설프게 이해하고 있는 것보다 훨씬 도움이 된다.

하나의 생각에 더욱 깊이 몰두하고 싶거나 혹은 어떤 문제점을 명확하게 파헤치고 싶다면, 그것을 완전히 해낼 때까지 도중에 그만둬서는 안 된다. 모든 관점에서 검토해 보도록 하라. 그 문제에 접근하는 방법이 몇 가지인가, 또한 어떤 방법이 가장 간단하면서도 적당한가를 시험해 보라. 여러 저자들의 견해도 조사해 보면, 자신이 이제껏 생각조차 하지 못했던 힌트를 발견할 수도 있을 것이다. 그것이 아무리 사소한 점이라도 충분히 검토해 봐야 한다.

이렇게 해서 자신이 안고 있는 문제를 하나하나 철저히 파헤쳐 나가다 보면, 비록 공부하는 책의 수는 많이 늘지 않더라도 실제로 유용한 지식은 점점 늘어갈 것이다. 공부하는 동안에 낯설거나 잘 이해가 되지 않는 부분을 그대로 남겨 두면 어설픈 지식만 늘어나 오히려 혼란스러울 뿐이다.

31

늘 한결같은 집중력으로
공부할 수 있게 하라

어떤 사람에게는 매우 힘들게 여겨지는 공부가 다른 사람에게는 쉬운 경우도 있다. 뿐만 아니라 오늘은 쉽고 재미있게 느껴지던 공부가 다음날은 감당할 수 없을 만큼 지겹게 생각되는 경우도 있다. 이것은 집중력을 조절하기가 어렵기 때문이다. 건강 상태가 평소와 다름없는 이상, 일정한 집중력을 유지할 수 있다면 언제나 한결같이 기분좋게 공부할 수 있다.

자연이 밖으로 나오라고 손짓하듯 따사롭고 밝은 햇살이 내리쬐는 봄날보다는, 눈보라가 휘몰아쳐서 밖에 나가고 싶지 않은 추운 겨울날 공부하는 것이 훨씬 집중이 잘 되지 않겠는가.

공부는 아무리 컨디션이 나쁠 때에도, 머리가 멍하고 몸도 나른하며 아플 때에도 몇 시간이나 며칠, 혹은 몇 년 동안은 계속해야 한다. 물건은 돈으로 사거나 권력으로 손에 넣을 수 있지만, 지식은 공부를 통하여 얻는 수밖에 없다.

정신을 집중할 수 있다는 것은 큰 이점이다. 사람에 따라서는, 시력을 잃게 되어 아름다운 자연을 볼 수는 없지만 그 대신 굉장한 집중력을 얻게 되어 불행하지 않다고 생각하는 경우도 있다. 위대한 학자였던 드와이트(1752~1817, 목사, 교육자, 예일대학 학장)는, 시력을 잃은 덕분에 집중력이 강화되어 깊은 사색에 잠길 수 있었던 것이 자신에게는 매우 다행스러운 일이라고 생각했던 것이다.

집중력이 그토록 중요한 것일까, 하고 당신은 어떤 뛰어난 인물을 예로 들면서 말할지도 모른다.

'아무개는 젊었을 때 학교 성적이 나빠서 대학 강단에도 발을 붙이지 못했고, 학자로서도 좋은 평가를 받지 못하지 않았는가?'

물론 그런 경우도 있을 것이다. 그러나 한 가지 분명히 말해 두고 싶은 것은, 그런 사람도 만일 뒤늦게 어느 시기에 힘든 공부를 하지 않았더라면 절대로 그렇게 뛰어난 인물이 될 수 없었을 거라는 사실이다. 젊었을 때에는 그렇게 하지 않았을지도 모른다. 만일 그랬다면 후년에 공부할 때 훨씬 힘들었을 것이다. 그러나 그들은 그것을 견뎌야만 하였고, 실제로 그렇게 했던 것이다.

집중력을 높이는 방법

집중력이 떨어지면 건망증이 잘 생기고 업무능력도 떨어지는 법이다. 이는 신경을 예민하게 만들어 충동적 성향을 갖게 한다. 또한 무슨 일이든 체계적인 계획을 세우고 준비하는 능력이 떨어진다. 다음은 집중력을 높이는 데 도움이 되는 몇 가지 방법이다.

첫째, 집중력 저하로 인한 건망증을 예방하라. 건망증 때문에 일을 망치는 경우가 잦으면 충동적 성향도 짙어진다. 일정표를 작성해 약속과 계획을 잊지 않도록 하고, 해야 할 모든 일을 메모지, 수첩, PDA 등에 기록하는 습관을 갖자.

둘째, 외부자극을 최소화하라. 헤드폰 착용 등 불필요한 주변 자극을 차단하면 하던 일에 쉽게 집중할 수 있다. 사무실의 경우 개방된 공간보다는 책상 분리대(파티션)가 설치된 곳에서 일하는 편이 시각 자극을 차단하여 집중력을 높여 준다.

셋째, 집중력이 현저하게 떨어진 사람은 보통 사람보다 작업시간을 짧게 하고, 더 자주 쉬는 것이 좋다.

넷째, 단조로운 학습이나 작업보다는 새롭고 흥미를 끄는 작업 방법을 찾는다. 자료를 보면서 여러 색의 형광펜으로 표시를 하거나 다양한 시청각 교재를 활용하는 방법 등을 권할 만하다.

다섯째, 작업할 때 미리 우선 순위를 정한 뒤 그에 따른 일정표를 작성한다.

여섯째, 계획적인 생활을 일상화한다. 식사, 운동, 취침과 기상 시간을 규칙적으로 정하고, 여가활동을 즐기되 과도한 음주와 흡연은 피한다.

32

미래를 위해 다양한 지식을 습득하라

자신의 장래 직업과 아무런 관련이 없는 공부를 강요당하고 있다며 불평하는 사람들이 있다.

'어떤 사람은 앞으로 장사를 하려고 한다. 그런데 왜 몇 년씩이나 외국어 공부에 시달려야 하는가?' '어떤 사람은 앞으로 의사가 되고 싶어한다. 그런데 왜 몇 달 동안이나 원추곡선론으로 골치를 썩여야 하는가?' '교사들은 학생 개개인이 지망하는 직업에 대해서는 아무런 관심도 없기 때문에 쓸모없는 것을 공부하라고 강요한다' 는 식이다. 그러나 이러한 불만을 터뜨리는 사람들이야말로 교육의 목적을 전혀 이해하지 못하고 있는 것이다.

공부의 최대 목적은 인생을 살아가는 데 유용한 도구로 사용할 수 있도록 두뇌를 단련하는 것이다. 이 점을 잊어서는 안 된다.

당신은 지금 어렵고 재미없는 공부를 하고 있을 뿐, 그 속에는 앞으로 당신의 직업과 관련하여 유용한 것은 하나도 포함되어 있지 않다고 생각할지도 모른다.

그러나 그처럼 힘들고 재미없는 공부를 할 수 있도록 자신의 두뇌를 훈련시켰을 때, 한평생 자기 두뇌를 조절할 수 있고 언제든 자기 명령대로 움직이게 할 수 있는 것이다. 그런 두뇌를 갖게 되면 앞으로 필요한 지식은 언제든지 배울 수 있다.

현재 당신은 기하학을 공부하고 있을지 모른다. 앞으로 당신의 인생은 매우 바쁘고 여러 가지 일에 시간을 빼앗긴 나머지, 책의 제목 정도는 기억에 남더라도 기하학의 여러 가지 명제는 잊어버리게 될 것이다. 그러나 플라톤을 비롯하여 기하학을 공부한 적이 있는 사람들은 한결같이 기하학을 공부함으로써 두뇌가 단련되어 사물을 치밀하게 생각할 수 있었다고 말한다.

비록 지금 당장은 지리학이나 역사학이 필요하지 않더라도 철학이 여러 분야에 파생된 흔적을 파고들거나, 역사의 명확하고 정확한 개념을 파악하고, 천재들의 작품에서 만나는 은유와 비유의 옳고 그름을 판단할 때 그것들이 필요하게 된다.

철학은 우리의 마음을 넓혀 주고, 에스겔(B.C. 6 세기경의 이스라엘 예언자) 예언서에 나오는 천사의 날개처럼 마음 안팎을 두루 볼 수 있는 눈을 제공한다. 철학을 배움으로써 우리는 자연의 본질을 파악할 수 있다. 이러한 공부에 의해 정신이 해방되고, 비로소 참으로 폭넓은 안목을 갖춘 사람이 될 수 있다. 날마다 부지런하고 착실하게 한 걸음 한 걸음 전진해야 한다. 한 작가는 이렇게 말한다.

"스스로 자기 진로를 결정할 만한 결단력을 갖추지 못한 젊은이는 대개 친한 친구에게 충고를 바라고 이에 따른다. 얼마 후에는 다른 친구에게 충고를 받고 따르다가 다시 세 번째 친구에게 충고를 원하며, 그래도 마음이 안정되지 않아 끊임없이 흔들린다. 그러나 이처럼 비틀거리는 생활 태도는 더욱 악화되었으면 되었지 결코 바람직한 방향으로 나아가지 못한다는 사실을 깨달아야 한다."

당신에게는 어떤 특정한 일이 적합하지 않다고 사람들이 말할지도 모르지만 걱정할 필요는 없다. 단호한 의지로 열심히 노력한다면 당신에게 적합하지 않은 일이란 없다. 어떤 전문 분야의 일이든 그 유익한 부분을 배우는 데는 보통의 능력이 있으면 충분하다. 설사 이해하기까지 다소 시간이 걸리더라도 보통의 능력이면 감당할 수 있다.

인생은 흔히 경주에 비유하는데, 잘 관찰해 보면 가장 빨리 달리는 사람이 가장 다루기 어려운 인간임을 알 수 있다.

33
열악한 환경을 뛰어넘어
성취감을 맛보라

사람은 누구나 환경이 나쁘다는 구실로 어려운 공부를 회피하려는 경향이 있다. 사람은 환경에 의해 만들어진다는 일반론을 우리는 그대로 받아들이기 쉽다.

'환경이 사람을 낳고, 환경이 그의 인품을 만들어 낸다. 그러므로 만일 환경에 의해 억압당하고 구속되면 사람은 누구나 강한 의지로 이를 물리치지 않고서는 훌륭한 인간으로 성장할 수 없다.' 이렇게 생각하기 쉽다. 그래서 인간은 원래 게으른 성향이 있어 능력을 제대로 개발하려면 상당한 자극과 강제가 필요하며, 대부분의 사람들은 큰 일을 할 수 없다고 생각한다.

그렇다면 환경이 바뀌면 큰 일을 할 수 있을까? 오히려 그 반대가 아닐까? 인간이 환경을 만든다 해도 틀린 말은 아닐 것이다.

예컨대 「실낙원」의 저자 존 밀턴의 경우를 생각해 볼 때, 밀턴이 처한 어려운 환경 속에서 그를 위대하게 만든 어떤 힘이 있었을까? 밀턴과 같은 환경에서 밀턴처럼 맹인이 되어 어둠 속에 갇혀 버리면, 대부분의 사람들은 노래나 부르면서 바구니라도 만들어 생계를 유지할 수 있다면 그것으로 족하다고 생각하지 않을까? 그러나 밀턴은 자신의 시대에, 자신의 나라에, 그리고 자신의 국어에 영광을 안겨주는 위대한 일을 성취했다.

사람들은 "나에게는 좋은 환경도 없고, 기회나 수단도 주어지지 않는다. 그래서 아무것도 할 수 없다."고 불평한다. 아무것도 할 수 없다고? 그렇다면 어떤 위대한 인물은 이 점에 대해서 뭐라고 말하는지 들어 보라.

"진심으로 공부를 좋아하여 어떻게 해서든 지식을 얻고자 하는 마음이 있다면, 병이나 재난 이외에 부득이하게 학문을 중단시키거나 공부의 수단을 빼앗아 버릴 만한 일은 없다."

공부할 시간이 없다고 말하는 것은 어떤 다른 일에 마음을 빼앗기고 있거나, 혹은 학문을 하려는 열의가 없음을 드러낼 뿐이다. 그런 사람들은 열심히 공부하고 있는 다른 사람을 부러워하면서, 어떻게 하면 그처럼 지식을 습득할 수 있을까 하고 신기하게 생각할 것이다. 그러나 자기 자신은 그러한 지식의 습득에 필요한 시간이나 노력을 할애하지 않는다. 더욱이 그렇게 하지 않는 것을 자신의 겸허함 때문으로 생각하며 야심가가 아니어서 다행이라고 자위하기도 한다. 하지만 그들의 마음 깊은 곳에는 학문 이외의 세속에 대한 집착 또는 뿌리깊은 나태 근성이 자리잡고 있다. 만일 그가 노력가로서 더욱 강한 의지를 가지고, 현재 아무 일도 하지 않고 무의미하게 보내고 있는 귀중한 시간을 되찾는다면, 동서양 지식의 보고를 열고 마음대로 활용할 수 있을는지 모른다.

현재 헛되이 보내고 있는 시간을 3~4년 동안 근면하게 활용한다면, 어려운 외국어도 상당히 이해할 수 있을 것이다. 어떤 사람이 어학을 공부할 것인가 말 것인가 고민하는 동안에 다른 사람은 그것을 완전히 습득하는 것이다.

어학 공부에 있어, 의지가 강하고 부지런한 사람과 소극적이고 우유부단하며 게으른 사람은 이처럼 큰 차이가 있다. 이런 우유부단한 사람들의 가장 나쁜 점은 그들의 생활 태도가 잘못되어 있다고 아무리 설득하고 납득시켜도 잠시뿐, 다시 게으름과 세속적인 것에 마음을 빼앗겨 버린다는 것이다. 그렇게 되면, 모처럼 마음먹은 분발심도 그 감미로운 자장가에 의해 다시 깊이 잠들어 버린다.

34
끈기있게 반복하여 학습하라

어떤생각을 기억에서 지워 버리려고 해도 지워지지 않았던 경험이 누구에게나 있을 것이다. 혹은 어떤 아이디어나 연관된 생각들을 떠올리려고 할수록 더욱 생각나지 않는 경우도 있을 것이다. 그것은 기억이라는 것이 자유로운 것을 좋아하고, 강요받는 것은 싫어하기 때문이다.

기억은 자발적으로 자기 능력을 시험하는 법이다. 따라서 강제로 기억력을 약화시키지 말고, 가능한 한 많은 것을 정확히 기억하는 습관을 익히는 것이 좋다.

어린 아이들은 다른 사람이 외국어 단어 리스트를 읽는 것을 옆에서 반복하여 듣는 동안에 저절로 기억하게 되는 경우가 종종 있다. 또한 말을 잘 익히는 사람은 한결같이 외우려는 말을 반복하여 읽음으로써 기억하게 된다.

예컨대 문법을 익히려고 할 경우, 오랜 시간 지루하게 외우기보다는 짧은 시간이라도 좋으니 온 신경을 집중하여 공부하고 그것을 몇 번씩 되풀이하여 외워야 한다.

눈과 마찬가지로 귀를 통해서도 머릿속에 들어갈 수 있도록 먼저 공부할 내용을 큰 소리로 읽는다. 다음에 교과서를 옆에 놓고 처음부터 끝까지 써본다. 이렇게 하면 눈과 귀를 동시에 써서 모든 글자, 음절, 음까지 머리 속에 넣을 수 있다. 이 방법은 처음에는 진도가 더딜지 모르지만 효과적인 방법으로써 내용을 완벽하게 습득할 수 있다. 따라서 곧 자신감이 생겨나 아무리 새로운 지식이라도 여유를 가질 수 있게 된다.

문법을 외울 때 어려운 점은 비슷한 내용이나 단어가 동시에 나오는 것이다. 비슷한 것은 머리를 혼란스럽게 한다.

예를 들어 귀금속점에 가서 20개의 시계가 종류별로 들어 있는 상자를 보았다고 하자. 그 20개의 시계에 각각 다른 이름이 붙어 있더라도 다음날이 되면 서로 구별할 수 없을 것이다. 하지만 5일 동안 매일 들러서 하루에 4개씩 주의깊게 살펴본다면 어떨까?

점원은 각 시계의 차이점에 대해 자세히 설명해 준다. "이것은 보통 시계입니다." 하며 그 구조와 부품을 모두 보여준다. 또 "이쪽 것은 신안특허 레버로서 이전의 보통 시계와는 이렇게 다릅니다." 하고 설명해 준다. 세 번째는 레파인으로 그 부품 역시 특징이 있다. 다음은 고정밀시계로, 지금까지 보아온 시계와는 크게 다르다. 점원은 각각의 특성을 설명하면서 서로 비교하여 보여준다.

다음날, 그에게서 배운 것을 다시 한번 반복해 들으면서 각각의 이름과 특징을 확실히 기억 속에 새긴다. 그리고 나서 또 다른 4개의 시계를 살펴본다. 마찬가지로 배운 것을 빠짐없이 이튿날 복습한다. 이렇게 하면 마지막 5일째에 가서는 기억을 더듬어 하나하나의 이름과 성능을 말할 수 있을 것이다. 이 방법을 쓰기 전에는 시계가 20개라는 것과 다섯 줄로 나란히 놓여 있었다는 것밖에 기억하지 못했는데 말이다.

문법도 이와 같은 치밀한 방법으로 공부해야 한다. 그러면 기억이 혼란스러워진다거나 외우지 못하는 등의 불만은 사라지게 될 것이다.

5분명상

새로운 습관을 들이는데 있어서
그것이 네 삶에 확실히 뿌리를
내리기까지는 결코 예외를 두지 말라.

- 윌리엄 제임스

35

매일 적어도 15분은 복습에 전념하라

*지칠*줄 모르는 노력가 비텐바하(1726~1806, 덴마크의 고전학자)는 이렇게 말한다. "반복적인 복습은 믿을 수 없을 만큼 효과적인 진전을 가져다준다."

그리고 이에 덧붙여서 이렇게도 말한다.

"그것은 참으로 철저한 복습이어야 한다. 즉, 몇 번이고 되풀이하여 복습하지 않으면 안 된다. 내가 말하고 싶은 것은 날마다 전날 학습한 내용을 복습하고, 주말마다 그 한 주일 분을, 월말에는 그 한 달 분을 복습하는 것이다. 그리고 방학 중에도 한 학기 동안 배운 내용을 전부 몇 번이고 다시 반복하여 복습한다."

또 이 위대한 학자는 제자에게 이렇게 말하고 있다.

"내가 말한 대로의 계획에 따라서 매일 1시간, 혹은 적어도 1시간 가까이는 틀림없이 공부를 계속할 수 있을 것이다. 왜냐하면 학생 시절에는 매일 조금씩이라도 공부에 시간을 할애하고자 하는 마음이 있다면 그것을 방해할 만한 일이 없기 때문이다."

덧붙여 말하자면, 하루에 15분만이라도 매일 복습에 전념한다면 공부해 온 모든 것을 언제나 기억 속에 신선하게 보존할 수 있을 뿐만 아니라, 어려운 고전 공부도 척척 해낼 수 있을 것이다. 먼저 이 습관을 몸에 익히기 전까지는 훌륭한 학자가 되고 싶어해도 무리다. 물론 처음에는 귀찮고 어렵겠지만, 그것도 사실 잠시뿐이다.

"크세노폰의 「소크라테스의 추억」을 읽고 공부할 때, 나는 반드시 앞 장을 다시 한번 읽고 나서 다음 장으로 넘어갔다. 두 번 이상 읽지 않고서는 다음으로 넘어가지 않았다. 이렇게 끝까지 읽은 후에 마지막으로 다시 한 번 전체를 통독하였다. 그래서 3개월이 되어서야 끝마칠 수 있었지만 그 같은 반복이 나에게는 매우 유익했음을 느낀다.

되풀이하여 읽기를 잘 했다고 생각하는 이유는 두 번 읽은 구절이나 장에서 새로운 곳으로 나아갈 때 아무리 난해한 부분이 나와도 계속해서 읽어 나갈 만큼 자신감이 생겼기 때문이다. 키케로의 비유를 빌어 말하자면, '노를 저어 배가 일단 움직이기 시작하면 손에서 노를 놓아도 앞으로 나아가는 것처럼' 말이다."

36

머리가 피로해지면
공부의 대상을 바꾸어라

한꺼번에 몇 시간씩 계속해서 어려운 문제를 생각하거나 하나의 과제에만 오랫동안 집중할 수 있는 사람은 별로 없다. 대부분의 사람은 도중에 휴식을 취하게 되고, 그러다 보면 모처럼 정리되었던 생각들도 산산이 흩어져 버린다. 애써 집중시킨 사고를 유지하려면 노력이 필요하다.

예컨대, 호메로스나 대수를 공부하고 있다고 하자. 한꺼번에 두세 시간 공부한다면, 육체는 피로해지고 머리도 더 이상 사고를 계속할 수 없는 상태가 된다. 그래서 공부를 중단하고 교과서를 덮어놓은 채 공부한 시간만큼의 휴식을 취하게 될 것이다. 그러면 이 시간들은 모두 허비하게 되는 셈이다.

피로해진 머리를 다시 회복시키려면, 아무것도 하지 않고 자유로이 휴식하는 대신에 공부하는 대상을 바꾸어 주기만 해도 된다는 중요한 사실을 우리는 잊고 있다. 대수를 공부하다가 중단했다면, 로마의 역사가 리비우스나 타키투스를 손에 들고 읽어 보라. 방금 배운 강의를 되돌아보는 듯 신선하게 느껴질 것이다. 혹은 최근에 읽은 책의 목록을 만들거나 다음 문장의 주제를 생각해 보는 것도 좋다. 이렇게 하면 많은 시간을 절약할 수 있다.

독일인들이 하루에 16시간씩이나 공부에 전념할 수 있다는 것은 놀라운 일이다. 머리가 피로해질 때까지 한 가지 공부를 계속하고 나서, 다음에는 머리를 쉬게 하면서 활력이 솟구치는 다른 공부를 하지 않는 한, 아무도 이렇게 오랫동안 공부할 수 없다. 이것이 시간을 전혀 허비하지 않는 사람과 그렇지 못한 사람의 차이이다.

싫증이 났을 때는 기지개를 켜라

뇌에는 뇌간망양체라는 신경세포가 있는데, 이 부분이 자극을 받으면 뇌 전체가 각성한다. 즉, 뇌간망양체는 뇌 전체의 메인스위치 같은 것으로, 이 부분이 자극을 받으면 기분이 좋아지고 반대로 침체되면 졸음이 밀려온다. 따라서 하던 일에 싫증나거나 집중력이 떨어지면 이 뇌간망양체를 자극하면 되는데, 온몸을 이용하는 기지개는 뇌간망양체를 자극하는 가장 간단하고도 효과적인 방법이다. 할일이 산더미처럼 쌓여 있고 마음이 급할 때는 우선 일어서서 기지개를 켜보자. 온몸의 근육에 힘을 불어넣는다는 생각으로 힘을 주면서 하늘을 보고 팔을 쭉 뻗는다.

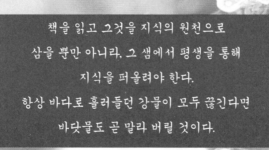

책을 읽고 그것을 지식의 원천으로
삼을 뿐만 아니라, 그 샘에서 평생을 통해
지식을 퍼올려야 한다.
항상 바다로 흘러들던 강물이 모두 끊긴다면
바닷물도 곧 말라 버릴 것이다.

나를 바꾸는
독서법

reading

4

37
정신을 어둠 속으로 몰아넣는 악서에 주의하라

예로부터 뛰어난 인물은 대개 주의깊게 독서하는 습관이 있었다. 이런 습관을 갖지 않고는 두각을 나타내는 인물이 될 수 없다. 베이컨은 말했다.

"독서는 충실한 인간을 만들고, 대화는 재치있는 인간을 만들며, 집필은 치밀한 인간을 만든다."

베이컨이 말하는 '충실한 인간'이란 광범위하고 철저한 독서를 바탕으로 하는 사람이다. 아무리 천재적인 재능이 있고, 발명이나 창조적인 재질이 있더라도, 이것을 대신하지는 못한다.

공평하고 올바른 판단을 내리기 위해서는, 먼저 다른 시대의 역사를 되돌아보고 과거와 현재를 비교할 수 있어야 한다. 또한 활발한 정신을 유지하기 위해서는, 후세에 불멸의 사상을 남기고 간 위인들의 정신과 끊임없이 접함으로써 자신의 정신세계를 넓혀 나가야 한다. 끊임없이 사고의 영역을 넓혀 훌륭한 사상을 수용할 수 있어야 한다.

음식물이 혈관을 순환하는 혈액의 양식이듯이 독서는 마음의 양식이다. 독서에 열중하지 않는 사람은 훌륭한 정신 활동을 할 수 없다. 독서를 하지 않고 베이컨이 말하는 '충실한 인간'이 되려고 하는 것은, 신선한 음식을 섭취하지 않고 건강하고 정력적이기를 바라는 것과 같다.

어제오늘의 문제는 아니지만, 자신이 죽은 후에도 몇 세대에 이르기까지 세상을 더럽히고 해악을 끼칠 글들을 쓰는 사람이 있다. 세상에는 그런 부류의 책이 넘쳐난다.

이런 존재가 허용되고 있는 것은, 한마디로 그것이 우리의 도덕심을 단련시키는 시련이기 때문일 것이다. 현세라는 시련 기간에는 신에 의해 우리의 도덕이 지배되고 있으며, 그 동안에는 여러 가지 유혹을 당하게 되어 있다.

악마가 무엇보다도 기뻐하는 것은 훌륭한 영혼의 소유자가 악마에게 몸을 팔아 악에 빠지려고 할 때뿐만이 아니라, 그러한 사람이 인생을 지옥에 떨어지는 함정으로 온통 장식해 놓고는 그 함정이 보이지 않도록 교묘하게 감추려고 할 때이다.

세상을 더럽히고 해악을 끼치는 그런 책은 악마의 지혜도 미치지 못할 정도로 교묘히 쓰여 있다. 이런 책은 어디에나 있다. 독자 여러분들은 절대로 그런 책들을 보거나 펼치지도 말아야 한다. 그런 책을 보는 것은 자신의 영혼에 지울 수 없는 오점을 남기는 일이기 때문이다.

뜨겁게 달군 돌 위를 걸어갈 때에도 다른 데서는 배울 수 없는 뭔가를 배울 수는 있다. 그러나 뜨겁게 달군 돌 위를 걸어가면서 배우는 것이, 과연 뜨거운 고통을 참아내고 한평생 사라지지 않을 화상을 만들면서까지 배울 가치가 있는 것일까? 이는 활활 타오르는 아궁이에서 솟아오르는 열풍을 들이마시는 것과도 같다. 아궁이 속에 밝은 빛이 보일지라도 오랫동안 열풍을 들이마시고 나면 그 후유증이 만만치 않을 것이다. 그런 책에도 분명히 빛나는 대목은 많이 있다. 그러나 그 한 줄기 빛이 정신에 도달하기도 전에 캄캄한 암흑이 당신의 영혼을 에워싸 버릴 것이다.

바다 밑에는 아름다운 진주가 있지만, 그것은 여기저기 흩어져 있을 뿐이다. 그것을 찾기 위해 바다 속으로 들어가면, 자칫 바다 밑에 묻혀 죽게 될지도 모른다. 그런 위험을 감수하면서까지 바다 속으로 들어갈 가치가 있을까? 죽기까지는 하지 않더라도 목숨을 걸고 두려움에 떨면서 굳이 진주를 찾아 헤맬 필요가 있을까?

38
어떤 책을 읽을 것인가

그렇다면 읽어야 할 책을 어떻게 구별해 내야 할까? 이것은 대단히 중요한 문제이다. 왜냐하면 설사 사람을 파멸시키지는 않더라도 확실히 해가 되는 책이 있기 때문이다. 또한 이렇다할 도움을 주지 못하는 책도 있다. 하지만 누구나 자신이 만나는 사람으로부터 반드시 어떤 영향을 받기 마련이듯이, 무슨 책을 읽든지 그 영향을 받게 된다.

요즘같이 책이 넘쳐나는 시대에, 출판되는 책이나 추천하는 책을 전부 또는 그 일부라도 읽겠다고 생각해서는 안 된다. 먼저 한 권의 책을 손에 들고 첫 장만 읽어보는 것이 좋다. 그것만으로 그 책이 읽을 만한 가치가 있는지 없는지 알 수 있을까 의아해하겠지만 알 수 있다.

술통 속에 있는 포도주의 좋고 나쁨을 판단할 때, 컵에 한두 잔 따라 마셔 보고 맛이 좋지 않으면 그 포도주는 좋지 않은 것이다. 그것을 판단하기 위해 술통 속의 포도주를 다 마실 필요는 없는 것이다.

인생은 너무 짧다. 그러므로 좋지 않은 책을 읽을 시간에 차라리 다른 할 일을 하는 것이 낫다. 이왕 책을 읽을 바에는 읽을 만한 가치가 있는 책을 읽어야 한다. 대충 훑어보면 저자가 말하고자 하는 주제와는 모순되는 내용의 책도 있다. 그런 책이라도 억지로 읽겠다는 사람은 없을 것이다. 만일 어떤 사람이 2 더하기 2는 5 라는 것을 증명하기 위해 이론을 제기한다면, 나는 그런 논의에 휩쓸리기보다는 다른 중요한 일을 할 것이다.

더욱 간단하고 또 확실히 구분하는 방법은 책도 약과 같이 취급하는 것이다. 즉, 다른 사람이 읽어보고 그 효과가 입증되면 읽는 것이다. 훌륭한 책이라고 정평이 나 있는 책은 대체로 내용이 만족스럽다.

세상에 나와 있는 모든 책을 읽어볼 수는 없으며, 설사 읽을 수 있다 하더라도 그것으로 현명해지는 것은 아니다. 잡동사니는 당신이 그 동안 간직해 온 값진 것들을 뒤덮어 못쓰게 만들어 버릴 수도 있다.

이름 없는 저자나 겉만 천박한 미사여구로 장식한 저자의 작품을, 읽어 나가다 보면 어떤 유익한 내용이 있을 것으로 기대하면서 읽지는 말라. 실망할 뿐이다. 가장 핵심적인 주제를 마지막 페이지까지 숨겨두는 저자가 있을는지도 모르지만, 만일 독자로 하여금 오아시스도 없는 사막을 멀리 여행하게 만드는 저자라면 그는 재능이 없는 사람이다. 그런 책은 읽을 필요가 없다. 그보다 더욱 좋은 책을 얼마든지 발견할 수 있을 것이다.

독서를 통해지혜를 얻는 방법

- 좋은 책 한 권은 한 분의 스승이다. 훌륭한 스승을 많이 확보하라.
- 콘서트는 순간의 즐거움을 만들어 준다. 그러나 독서는 영원한 지혜를 안겨준다.
- 책 읽는 목적을 분명히 하라. 그래야 빠르게 성장한다.
- 삶에 대한 열정과 욕심을 가져라. 그러면 책을 즐길 수 있다.
- 필요한 부분만 읽어라. 밥상 위의 반찬을 모두 먹어야 되는 것은 아니다.
- 책을 읽고 생각하고, 또 읽고 또 생각하라. 생각의 깊이가 향상된다.
- 독서는 생각과 행동의 변화를 가져오며, 행동과 삶의 가치를 다르게 해 준다.

39
책을 어떻게 읽을 것인가

책을 어떻게 읽는 것이 좋은가. 우리는 식사를 할 때 반드시 음식을 눈으로 보고 나서 맛을 본다. 책을 고를 때는 먼저 표지를 잘 보아야 한다. 저자는 누구인가, 국적이 어디인가, 그 저자에 대해 알 수 있는 것이 있는가. 또한 어디에서 누구에 의해 출판되었는가, 그 출판사에서 출판되고 있는 책의 일반적인 경향은 어떠한가, 그리고 그 책에 대한 평판은 어떠한가를 떠올려 보아야 한다.

그 다음에 머리말을 읽어보고, 저자는 무엇을 말하고자 하며 자기 자신이나 작품에 대해 스스로 어떻게 생각하고 있는가, 또 저자는 왜 자기의 견해를 세상에 내놓으려고 하는가를 간파해야 한다.

다음에 차례를 읽고 주제를 어떤 식으로 나누어 표현하려고 하는지 전체 구성을 죽 훑어보고 나서 하나의 장이나 절을 어떻게 구성하여 마무리짓고 있는가도 알아본다.

목차를 검토하기 전에 내용을 알고 싶다면, 중요한 주제를 다룬 대목을 펴고 그것이 어떻게 전개되어 있는지 살펴본다. 그렇게 시험삼아 읽어 본 결과, 만일 재미가 없고 현학적이며 천박하다고 생각된다면 더 이상 읽을 가치가 없다. 그런 책을 끝까지 읽어봐야 얻는 것이 없을 것이며, 설사 있다 해도 아주 미미할 것이다.

그러나 만일 그 저자가 주목할 만한 가치가 있다고 생각되면 다시 한 번 목차를 읽어 본다. 각 장마다 검토하고 나서 책을 덮고, 그 책 전체의 구성이 분명하게 머리 속에 떠오르는지 확인한다. 전체적인 구성을 머리 속에 완전히 그려보고 나서 신선한 기분으로 제1장을 읽는다. 다음에는 내용이 당신을 끌어당기는 한 계속 읽어 나가면 된다.

그렇게 읽어 나가면서 한 문장마다 '나는 과연 이해하고 있는가, 진실하고 중요한 내용이 담겨 있는가, 혹은 서술이 타당한가, 머리에 새겨둘 만한 가치가 있는가?' 하고 자문해 보도록 한다.

그리고 단락이 끝날 적마다 똑같이 자문해 보라. 단락의 요점을 명확하게 파악할 때까지는 다음 단락으로 넘어가지 말아야 한다. 이렇게 하나의 장을 끝마치면, 다시 한 번 되돌아보고 그 장에서 저자가 말하려고 하는 것은 무엇인지 깊이 생각해 보도록 한다.

40

시간이 걸리더라도 생각하면서 읽어라

이렇게 책을 읽어나가는 과정에서 만일 그 책이 당신의 것이라면, 혹은 소유자가 허락한다면 각각의 단락이나 문장에서 자신이 가장 중요하다고 생각하는 점을 연필로 여백 부분에 적어 둔다. 일정한 의미를 담고 있는 자신만의 부호를 만들어 활용해도 좋다.

이 같은 독서법은 시간이 많이 걸린다. 좀처럼 빨리 읽어나갈 수 없겠지만 매우 효과적이다. 이런 방법으로 한 권의 책을 읽는 것은 빨리 20권의 책을 읽는 것과 같은 효과가 있다. 이렇게 하면 읽으면서 동시에 생각하고, 판단하고, 식별하고, 선별하는 능력이 생긴다. 자기 나름대로의 사고방식이 요구되고, 그것이 머리 속에 새겨지기 때문에 앞으로 언제든지 도움이 될 수 있다.

읽은 것을 자기 것으로 만들려면 읽으면서 생각하고 읽은 후에도 생각해야 한다.

또한 읽고 있는 책의 주제에 대해 친구와 이야기를 나누는 것도 대단히 중요하다. 하지만 솔직하게 그 책을 지금 읽고 있는 중이라고 말해야 한다. 그러면 친구도 당신이 자기 의견으로써 그렇게 주장하고 있는 것이 아니라는 사실을 알게 될 것이다.

자기가 읽은 책의 내용에 대해 다른 사람과 이야기를 나눔으로써 확실히 자기 것으로 만들고 싶다는 의욕을 가진 사람들끼리 모여 모임을 만드는 것도 좋다. 어떤 생각이나 주장도 다른 사람에게 이야기함으로써 더욱 확실히 자기 것이 된다. 즉 가르치는 것은 배우는 것이며, 주는 것은 받는 것이 된다.

읽은 책의 내용에 대해서 되새기는 데 상당한 시간을 할애해야 한다. 아주 뛰어난 학자들은 독서에 소비하는 시간의 4분의 1은 읽은 책의 내용을 되새기며 생각하는 데 써야 한다고 여긴다. 이것은 결코 많은 시간이 아니다.

그런데 앞에서 말한 바와 같이 여백에 연필로 느낌을 쓰거나 표시를 해두면, 확실히 빠른 시간 안에 저자의 생각을 되새겨보고 자기 나름의 판단도 내릴 수 있을 것이다. 언뜻 보기만 해도 각 단락의 특징을 알 수 있으며, 자신에게 유익한 정보가 어디에 있는지 금세 알 수 있다. 또한 그것을 곧바로 자기 것으로 만들 수 있다.

41
자신의 문체를 해치는 책은 읽지 말라

어떤 사람에게 지속적으로 정신적인 영향을 받다 보면, 어쩔 수 없이 말씨나 사고방식까지도 그 사람을 닮아가게 된다.

고상하고 논리정연하며 기품 있는 문체로 글을 쓰고 싶다면, 우선 한 달쯤 차분하게 존슨의 글을 읽어 보라. 그것은 그다지 어려운 일이 아닐 것이다. 고결하고 순박하며 외래어가 섞이지 않은 순수한 영어 문체로 글을 쓰고 싶다면, 존 번연의 「천로역정」을 몇 번 읽을 일이다. 그러면 그렇게 쓸 수 있을 것이다.

다른 사람과 손을 잡고 며칠씩 걸어갈 때 상대방의 보폭이나 속도에 맞추지 않고 그렇게 할 수 있을까? 우리의 정신이 교제하는 사람의 색깔과 무의식중에 닮아가는 것은 자연의 법칙이다.

살아 있는 사람과 직접 접촉하든 활자를 통해 접촉하든 마찬가지이다. 그러므로 책을 읽으려면 훌륭한 작품을 읽는 것이 중요하다. 여러 가지 점에서 좋은 영향을 받게 되기 때문이다.

젊은이의 지성이나 도덕관에 가장 많은 영향을 미치는 것이 책일 것이다. 단 한 권의 책이 평생 동안 계속될 사고방식이나 말씨에 영향을 주거나 편견을 갖게 하는 경우가 적지 않다.

유명한 포터 학장(1811~1891, 목사, 교육가, 예일대학장)이 책에 대해 한 말을 들어보라.

"신학생 시절의 내 경험을 말하자면, 나는 다른 어떤 책보다도 조나단 에드워드의 「의지의 자유」에 큰 영향을 받았다. 나는 이 책을 목사가 되기 전에도 여러 번 읽었지만, 그 후로도 가끔 다시 읽는다. 이 책에서 내가 얻은 은혜는 말로 다 표현할 수 없을 정도이다."

시 쓰기를 즐겨하는 어떤 사람은, 얼마 동안 남의 시를 베껴 쓰는 일을 하고 나서야 비로소 자신에게도 시를 쓰는 재능이 있음을 알아차렸다고 한다. 별로 의식하지 않고 은연중에 모방하다가 이렇게 자신의 재능을 재발견하는 일도 있는 것이다.

자기의 생활양식을 타락시키는 친구와는 사귀지 않는 것이 좋듯이 자신의 문체를 해치는 책은 읽지 않도록 해야 한다.

42

책이라는 지식의 샘에서
인생의 지혜를 얻어라

책에서 인생의 지혜를 얻는 것이 독서의 큰 목적이다. 우리는 아무것도 모른 채 세상에 태어난다. 역사, 즉 다른 사람이나 세대에 의해 축적된 경험을 자기 것으로 만들기 위해서는 독서에 의존하는 수밖에 없다.

어느 시대나 인간의 본질은 변하지 않는다. 정신이나 물질을 지배하는 법칙은 변하지 않는 법이다. 그러므로 우리는 책을 통하여 자기의 체험 이외에 수 세기에 걸쳐 이루어진 경험과 지식을 짧은 인생 동안 얻을 수 있으며, 사물을 올바로 판단할 수 있는 것이다.

책에서는 두 시간 안에 알 수 있는 지식을 찾아 대서양을 횡단해야 한다면, 무한한 세월이 걸릴 뿐만 아니라 결국 그것을 알아내기도 전에 죽게 될지도 모른다. 기인이기는 했지만 정열가였던 버츠

린(1585~1629, 덴마크의 의학자)은 말한다.

"이 세상에 책이 존재하지 않는다면 신은 침묵하고, 정의는 잠들고, 자연과학은 발전이 중단되며, 철학은 불완전하고, 문자는 말하지 않아 모든 것이 칠흑의 어둠 속에 싸이게 될 것이다."

책을 읽고 그것을 지식의 원천으로 삼을 뿐만 아니라, 그 샘에서 평생을 통해 지식을 퍼올려야 한다. 오늘 읽어서 얻은 것은 곧 사라지거나 소진되어 버리고, 잊혀지기도 할 것이다. 그러므로 언제나 새로운 지식의 흐름을 유도하여 계속 채워 나가야 한다.

항상 바다로 흘러들던 강물이 모두 끊긴다면 바닷물도 곧 말라 버릴 것이다. 정신을 가득 채울 만큼 독서하고 있는 사람은 얼마나 될까? '부를 만드는 것은 다름아닌 부지런한 사람의 손'이다.

43
양서를 읽어
지성이 풍부한 인간이 되라

좋은 책을 정독하면 분명히 두뇌에 자극을 받는다. 효과적인 독서법을 알고 있으면, 마치 전류가 동물의 신경을 경련시키듯이 자신의 사고에 그것을 응용할 수 있다.

책을 통하여 훌륭한 인물의 정신세계를 접했음에도 흥분이나 감동이 일지 않고, 자신도 뭔가 할 수 있다는 생각이 들지 않는 사람은 앞으로 학문을 하는 기쁨을 배울 필요가 있다. 자기 주위에 어떤 인생의 기쁨이 존재하는지 아직 모르고 있기 때문이다.

끝으로 다시 한 번 되풀이하여 말하고자 한다. 읽으려고 생각한 책은 정독하라. 읽은 책의 내용은 완전히 자기 것으로 만들어라. 그렇게 하면 마침내 지성이 풍부한 인간이 될 수 있으며, 가치있는 지식을 끊임없이 늘려 나갈 수 있을 것이다.

성공을 위한 효과적인 독서법

- 먼저 저자 서문을 꼭 읽어라. 그래서 저자가 누구인지 무엇을 말하고자 하는지 파악한 다음 목차를 보고 그 내용을 대강 읽어라. 그리고 가장 맘에 드는 항목을 골라 미리 한번 읽어 보라. 그 결과 재미가 없으면 그 책은 읽지 않아도 된다.

- 저자와 하나가 되라. 마치 자신이 그 책을 쓴 것처럼 받아들이려고 하는 긍정적인 자세가 무엇보다 중요하다. 다음엔 마음을 비우고 책을 대하라. 이왕 읽으려면 푹 빠져들어 저자와 대화를 해가며 읽어라.

- 여백을 최대한 활용하라. 책을 읽으면서 떠오르는 아이디어나 또는 자신이 하고 있는 일과 연계되는 생각들을 여백에 충분히 써넣어라.

- 읽은 내용을 남에게 얘기 해줘라. 혼자 읽는 것으로 그치지 말고 읽은 내용 중 좋은 부분을 남에게 설명하거나 이야기해 주면, 복습 효과가 되어 확실히 자기 것으로 만들 수 있으며 의사 전달력, 표현력 등도 함께 기를 수 있다.

- 읽은 내용을 요약해 보라. 책의 목차를 이용하거나 감명 받은 내용 중 중요 단어를 중심으로 요약, 정리해 보는 것도 나중에 활용하는 데 도움이 된다.

- 가공해서 재활용하라. 자신의 업무나 새로운 일을 기획할 때 또는 업무를 수행할 때 신선한 아이템으로 가공해 재활용하라.

- 반복하여 읽어라. 좋은 책을 자주 읽어서 해로울 건 없다. 읽을 때마다 새롭다.

- 자투리 시간을 이용하라. 책 읽는 시간이 따로 있는 것은 아니다. 가능한 자투리 시간을 잘 활용하면 하루에 적어도 100페이지 정도의 책을 읽을 수 있다.

- 읽은 내용을 실천으로 옮겨라. 아무리 좋은 내용이라도 실천하지 않으면 소용이 없다. 자신의 생활에 적극적으로 활용하라.

하늘이 내려준 선물 중에서
우리가 자유롭게 써도 좋은 것으로
시간만큼 귀중한 것은 없다.
그런데 대부분의 사람들은 그 시간만큼
함부로 낭비하는 것도 없다.

나를 바꾸는
시간 활용법

time

44
시간에 대해 욕심을 부리는 것은 미덕이다

시간의 효율적인 활용법에 대해서는 꼭 말하고 싶은데, 이것만큼 설명하기 어려운 것도 없을 것이다. 그러나 시간에 대해 한마디로 말하자면 이것만큼 유용한 것은 없다.

시간이 얼마나 짧고 빨리 지나가는지, 온갖 미사여구를 동원하여 표현하기는 쉽다. 하지만 효율적인 시간 활용법에 대해 구체적인 규칙을 말하기란 시간이 흘러가듯이 그리 간단한 일이 아니다. 그렇더라도 시간을 최대한으로 활용하려는 마음가짐이나 결단력을 갖게 하는 데 비하면 훨씬 쉬운 일이다.

하늘이 내려준 선물 중에서 우리가 자유롭게 써도 좋은 것으로 시간만큼 귀중한 것은 없다. 그런데 대부분의 사람들은 그 시간만큼 함부로 낭비하는 것도 없다. 생각해 보면 실로 이해할 수 없는 일이다. 다른 것이라면 모두 아끼는 사람도 가장 중요한 수입인 시간만은 마구 낭비한다. 구두쇠가 부자가 되는 이유는 수입이 많기 때문이 아니라 열심히 저축하고 아껴 쓰기 때문이다.

세네카는 말했다.

"시간에 대해 욕심을 부리는 것은 미덕이다."

우리는 시간을 잘만 활용하면 놀라울 만큼 많은 것들을 성취할 수 있다. 그런데 누구나 그 필요성을 통감하지 않는 한 시간을 효율적으로 사용하려 하지 않는다.

아무리 후하게 계산해도 일생 동안 우리에게 주어진 시간은 얼마 되지 않는다. 그 짧은 시간 속에서 우리는 최대한 많은 것을 배우고, 많은 성과를 올려야 한다는 사실을 명심해야 한다.

아침에 일어나 오늘 하루 동안 무엇을 얼마만큼 하겠다고 마음먹었으면, 계획과 실행 사이에 조금도 헛된 시간이 생기지 않도록 즉시 실행으로 옮겨야 한다. 그리고 하루가 끝나면 공정하고 철저하게 그 날을 반성하고, 하지 못한 일과 그 원인을 확인하라.

인도의 수행자들이 제자를 교육하는 방법으로 전해 내려오는 이야기에 크게 배울 점이 있다. 그것은 2세기의 플라톤학파 철학자인 아프레이우스가 전하는 이야기이다.

"점심 준비가 되면, 음식이 공급되기 전에 교사들이 학생 한 사람

한 사람에게 해가 뜬 후로 어떻게 시간을 활용했는지 묻는다.

몇몇 학생은, 두 명의 친구가 중재역을 맡아 학생들 사이의 의견 차이를 바로잡아 화해시켰다고 대답한다. 또 부모의 심부름을 했다고 대답하는 학생도 있고, 자기 스스로 새로운 것을 발견했거나 혹은 동료로부터 배웠다고 대답하는 학생도 있다.

그런데 만일 그들 중에 오전 시간을 유용하게 보내지 않은 학생이 있으면, 그는 곧 동료들로부터 떨어져 다른 학생들이 식사하는 동안에 공부를 해야만 했다."

이상적인 시간활용법

1. 인생의 목표에 맞는 일을 한다.
2. 항상 하고 싶었던 일을 한다.
3. 80%의 성과를 만들어내는 20%의 일을 한다.
4. 최소의 시간으로 최대의 성과를 거둘 수 있는 혁신적인 방법을 생각한다.
5. 다른 사람이 '넌 할 수 없어'라고 말한 일을 한다.
6. 다른 분야에서 누군가가 큰 성공을 거둔 일을 한다.
7. 자기만의 창의성을 살리는 일을 한다.
8. 즐겁게 할 수 있는 일을 한다.
9. 효과적인 시간 활용법을 익힌 유능한 사람과 함께 일한다.
10. 지금이 아니면 평생 할 수 없는 절호의 기회라고 생각하는 일을 한다.

45
지나친 수면은 시간 낭비이다

결국 24시간 중에서 8~10시간 정도 자지 않으면 몸이 감당하지 못하는 습관을 들이기란 아주 간단한 일이다. 보통 건강을 유지하기 위해서는 6시간 정도의 수면으로 충분하다고 의사들은 말한다. 분명히 베개에 머리를 대자마자 잠들 수 있다면 수면 시간은 6시간이면 충분할 것이다.

그렇다면, 예를 들어 수면 시간을 7시간으로 정하고 그것을 확실하게 지켜보면 어떨까? 전보다 훨씬 시간에 여유가 생기지 않을까? 현재의 수면 시간 중에서 7시간이 넘는 부분을 공부 시간으로 활용한다면 성적 향상에 많은 도움이 될 것이다.

지나친 수면은 시간 낭비일 뿐만 아니라 신체의 기능도 과다한 수면에 의해 저하되고, 9~10시간씩 자고 난 다음에는 과식을 했을 때와 마찬가지로 공부가 제대로 되지 않는다. 머리와 신체 기능이 모두 저하되기 때문이다.

그래서 나는 수면 시간을 두 시간 줄일 것을 권한다. 줄인 두 시간만큼 두뇌를 보다 활발히 움직이면, 그 두 시간은 더욱 의미있게 쓰이는 셈이 된다. 이것은 분명한 이득이다.

저녁 식사를 마치고 바로 잠자리에 드는 것에 대해서는 길게 말할 필요가 없을 것이다. 권태감, 무기력, 허탈감, 두통, 게다가 주인의 명령대로 움직이려고 하지 않는 위장을 원한다면 배불리 먹고 곧 잠자리에 들어도 좋다. 그러나 매일 저녁 식사 때마다 그런 일을 되풀이하다 보면 당신의 장래는 어느덧 사라지고 말 것이다.

게으름으로 인한 수면은 뇌기능도 잠들게 한다

게으름으로 인한 수면은 뇌기능까지 잠들게 하고 신체 리듬을 무너뜨려 저항력이 떨어지게 한다. 지나친 수면은 몸의 움직임을 둔하게 해서 세포를 비활성화 상태로 만들기 때문이다. 아침형 인간이니 저녁형 인간이니 하는 것은 별로 중요하지 않다. 가장 나쁜 것은 게으름으로 인한 수면이다. 그것은 인생의 낭비다.

구체적인 목표가 있으면 활기가 생길 뿐만 아니라 목표를 달성하기 위해 매진하게 되므로 수면시간도 자연히 줄어든다. 그러나 인생에 목표가 없으면 불필요한 잠에 빠지게 된다. 백수가 되면 잠을 많이 자는 것도 당장 해야 할 일이 없기 때문이다.

46

1분 1초라도 계획대로 충실히 보내라

누가 어떤 계획을 훌륭하게 성취했다는 얘기를 들으면 곧 자신도 그렇게 해야겠다고 결심하는 사람이 있다. 잘 검토해 보지도 않고 계획을 세우고는 자랑스럽게 떠벌이는가 싶으면, 2~3일쯤 지나 또 다른 일에 마음을 빼앗겨 잊어 버린다.

'그 사람은 이렇게 했다, 저렇게 했다. 그러니 나도 해보자' 는 생각으로 해서는 의욕만으로 그치게 된다. 조금만 귀찮아지면, 다른 새로운 습관과 마찬가지로 곧 내팽개쳐 버린다.

내가 아는 사람은 어떤 훌륭한 인물이 '떠드는 사이에 시간은 달아나 버린다' 라고 문앞에 써 붙여 놓은 것을 우연한 기회에 알고, 자기도 곧 커다란 글자로 같은 문구를 써서 붙였다. 얼마 후 이번에는 한 유명한 학자가 블랙스턴(1723~1780, 영국의 법률가)을 숭배했다는 글을 읽고, 그는 곧 블랙스턴의 저서를 사서 열심히 읽기 시작했다. 그러다 또 얼마 지나지 않아 한 저명인사가 지식의 대부분을 다른 사람과의 대화에서 얻었다(나로서는 도저히 믿기 어렵지만)는 말을 듣고, 곧 블랙스턴의 책을 내팽개치고 사람들을 찾아다니면서 대화에 의해 지식을 얻으려고 했다.

말할 필요도 없지만, 이런 사람들만 모여 있다면 그 수가 아무리 많더라도 진실로 학문을 하는 사람은 찾아볼 수 없을 것이다.

두 가지 일 중에서 어느 쪽을 먼저 할까 하고 끊임없이 망설이는 사람은 결국 아무것도 못하고 만다. 결심은 했지만 친구의 반대 의견을 들을 적마다 마음이 흔들리는 사람 — 하나의 의견에서 다른 의견으로, 어떤 계획에서 다른 계획으로 왔다갔다하고, 마치 변덕스러운 산들바람이 불 때마다 방향을 바꾸는 풍향계처럼 자기의 진로를 바꾸는 사람 — 은 아무것도 제대로 해내지 못한다. 나날이 발전하기는 커녕 기껏해야 현상 유지를 하거나 오히려 퇴보하는 경우가 많다.

무슨 일에서나 두각을 나타내는 사람은, 처음에 신중히 검토하고 나서 결심을 굳히고, 확고한 인내심으로 자기의 목표를 향해 매진하며, 정신력이 약한 사람이라면 곧 좌절할 만한 어려움에도 전혀 흔들리지 않는 법이다.

무엇보다도 좋지 못한 것은 우유부단함이 습관이 되어 버리는 것이다. 그렇게 되면 희망 찬란한 미래도 물거품이 되고 만다. 얼마나 안타까운 일인가? 자신이 나아갈 길은 신중히 생각하여 선택해야 한다. 그리고 일단 선택한 후에는 무슨 일이 있어도 포기하지 말아야 한다.

오늘 할 수 있는 일을 내일로 미루는 습관이 생기면, 장래성이 있는 훌륭한 계획도 수포로 돌아갈 우려가 있다.

'그 편지의 답장은 내일 쓰면 돼. 그 친구의 부탁은 내일 들어주면 되지 뭐. 그렇다고 해서 그가 낭패를 보지는 않을 테니까.'

하긴 그럴지도 모른다. 그러나 당신은 패배자가 된다. 왜냐하면 그런 한 가지 유혹에 넘어가는 것은 모든 요새를 적에게 넘겨주는 도화선이 되기 때문이다.

'그 주의사항이나 중요한 사실을 수첩에 적어두는 것은 내일 해도 괜찮겠지.'

물론 그럴지도 모른다. 그러나 이처럼 해야 할 일을 하나하나 소홀히하다 보면 돌이킬 수 없는 손실을 초래한다.

끈기있게 1분 1초를 충실히, 그것도 계획에 따라 충실히 보내는 습관이 중요하다. 미리 계획해 놓은 대로 보낸 충실한 하루는 무계획적으로 보낸 일주일보다 더욱 가치가 있다.

47

허비하고 있는 시간들을 남김없이 활용하라

정신을 녹슬게 하는 게으른 습관은 쉽게 몸에 밴다. 아니 그것은 오히려 인간의 천성인 나태한 성질의 한 부분이라고 말하는 게 옳을 것이다. 이 '녹'은 그대로 방치하면 순식간에 우리 몸에 퍼져 정신을 파멸시켜 버린다.

어떤 특정한 일에만 전념할 수 있는 일정한 시간이 주어지지 않는 한 훌륭한 일을 해낼 수 없다고 생각하는 것은 우리의 큰 잘못이다. '몇 일 또는 몇 주 동안 날마다 책상에 앉아 그 문제를 검토하고 집필할 시간만 있다면 상당한 성과를 올릴 수 있을 텐데……'

그러나 현실적으로는 밤 늦게까지 자지 않거나 아침 일찍 일어나 단편적인 시간들을 모으는 수밖에 없다. 그런데 그런 자투리 시간으로 당신은 무엇을 할 수 있을까? 과연 그런 시간을 잘 이용할 수 있을까?

　아니, 당신은 그렇게 하지 못한다. 왜냐하면 한가한 시간이 생기기만을 기다리고 있을 테니까. 현재의 환경이 크게 변화하기만을 기다리고 있을 테니까. 그러나 그것은 큰 잘못이다.

　장리스 부인은 프랑스 왕비의 상담역으로 일할 때, 언제나 정확히 15분 전부터 저녁 식사 식탁에 앉아 왕비가 오기를 기다려야 했다. 그리하여 부인은 이 15분을 활용하여 두 권의 책을 써내기까지 했다.

　뭔가 새롭고 뜻있는 일을 하는 데 있어 평소의 생활을 크게 혹은 두드러지게 바꿀 필요는 없다. 단지 현재 허비하고 있는 시간을 남김없이 활용하기만 하면 된다. 그렇게 하면 손쉽게 성과를 올릴 수 있을 것이다.

　누구든 자기의 소임을 다하기 위해 바삐 일하는 동안에는 남아도는 시간이 거의 없다. 설사 있다 해도 잠시 하던 일을 접고 휴식하는 데 사용하는 것이 보통이다. 그러나 그러한 자투리 시간에도 다른 뭔가를 하는 것이 머리를 쉬게 하는 가장 효과적인 방법이다.

시간관리십계명

1. 시간의 본질을 이해하라. 시간은 한 번 지나가면 다시 돌아오지 않는 화살 같다.

2. 자기 자신이 누구인지를 알라. 자신을 잘 알면 효과적인 시간 관리를 할 수 있다.

3. 구체적이고 분명한 목표들을 설정하라. 장·단기적인 계획을 세워보라.

4. 중요한 것을 먼저 하라. 그리고 모든 일에 우선 순위를 정하라.

5. 보다 현실적인 하루 계획표를 만들어라. 구체적이고 실현 가능한 계획일 것.

6. 좋은 습관을 개발하라. 좋은 습관을 갖는 것은 삶에 굉장한 플러스 요인이 된다.

7. 시간 낭비 요소를 제거하라. 낭비되는 시간을 최소화하는 것이다.

8. 모든 일을 긍정적으로 생각하라. 긍정적인 생각은 시간 낭비를 줄여준다.

9. 적극적으로 행동하라. 무슨 일이든 자신이 선택한 것이라고 받아들이면 보다 적극적으로 일할 수 있다.

10. 시간을 효율적으로 관리하고 있는지 점검표를 만들어 수시로 검토하라.

    - 자신의 실수를 후회하는 데 시간을 낭비하지 않는가?

    - 자신이 하지 못한 일에 대하여 죄책감을 갖는 데 시간을 낭비하지 않는가?

    - 출퇴근시간을 효율적으로 이용하는가?

    - 책상은 잘 정돈되어 있고 지금 해야 할 일거리가 놓여 있는가?

48
뒤로 미루지 말고 계획대로 실행하라

여성에 쫓기고 있어서는 침착하고 자유롭게 일을 해낼 수 없다. 시간을 최대한으로 활용하지 않으면 자기 자신을 잘 컨트롤하고 있다고 말할 수 없다.

오후가 되어서야 그날 하루 일을 시작하는 사람이 있는데, 오후까지 일을 미루면 오전 중에는 기분이 개운하지 않고 오후에는 서둘러 일해야 하기 때문에 저녁이 되면 녹초가 되어 버릴 것이다. 아무리 유능한 사람이라도 시간에 쫓기다 보면 일을 제대로 처리할 수 없다.

가령, 오늘 50마일 정도 떨어진 곳을 가야 하는데 말을 타고 간다고 치자. 저녁 식사를 마치고도 갈 수는 있을 것이다. 그러나 그것은 현명한 일이 못 된다. 자기 자신에게나 말에게나 혹독한 일이다.

오전 시간을 헛되이 보내서는 안 된다. 그렇게 되면 밤 늦게까지 오전 시간의 게으름을 메워야 하기 때문이다. 무슨 일이든 뒤로 미루지 말고 분명히 계획대로 실행하는 것이 무엇보다 중요하다.

그것은 마치 상자에 물건을 담는 것과 마찬가지이다. 능숙한 사람은 서툰 사람의 반 이상을 더 담을 수 있다. 마음에 여유가 생기는 것도 차근차근 정리해 나가는 데서 오는 하나의 이점이다.

차분하게 일을 처리해 나가지 않는 사람은 언제나 조급하다. 옆 사람에게 말을 건넬 여유도 없다. 다른 곳으로 급히 가는 도중이기 때문이다. 그곳에 가서도 제 시간에 닿지 못하거나 일을 마치기도 전에 또 다른 곳으로 가야 한다.

착실한 성격은 그 사람의 인격에 무게를 실어 준다. '저 사람은 약속을 하면 반드시 지켜요.' 이런 신뢰감이 그 사람을 더욱 착실하게 만든다. 왜냐하면 다른 미덕과 마찬가지로 착실한 성격이 정확한 일 처리를 가져오기 때문이다.

분명한 약속은 부담이 되기도 한다. 일단 약속을 했으면 반드시 지켜야 한다. 자기 시간을 쪼개는 한이 있더라도 상대방의 시간을 헛되게 할 수는 없기 때문이다.

49

일단 시작한 일은 끝까지 수행하라

일단 시작한 일을 끝까지 완전하게 수행하지 않는 습관이 어려서부터 몸에 배면, 그 손해는 일생을 통하여 점점 커질 것이다.

도의나 신념을 희생시켜야 할 처지라면 이야기는 달라지지만, 그렇지 않는 한 절대로 일을 도중에 그만둬서는 안 된다. 이것은 반드시 지켜야 할 생활 철칙이다. 하던 일을 도중에 포기해 버리는 사람은 모처럼의 노력을 수포로 돌아가게 만들고, 그것은 평생의 나쁜 버릇으로 남게 된다.

알고 싶거나 하고 싶은 일에 반드시 자기의 모든 시간을 바쳐야 하는 것은 아니다. 날마다 조금씩 해나가는 것이 중요하다. 처음에는 어렵고 힘들어 보이는 일도 그러는 사이에 반드시 해낼 수 있을 것이다.

시간을 적절히 쪼개어 효율적으로 이용하기 위해서는 계획한 일을 규칙적으로 실행하여야 한다. 이런 노력을 해본 적이 한 번도 없는 사람은, 하루하루의 일이 아무리 많고 힘들어도 매일 정해진 시간에 계획한 일을 해냈을 때의 기쁨과 마음의 평화를 알지 못한다. 일정한 규칙을 어겨보는 것도 한편으로는 자극이 될지 모르지만, 가능한 한 규칙적으로 차곡차곡 일을 해나가야 한다.

톱니바퀴의 이가 완전히 맞물려 있어 끊임없이 일정하게 돌아가면 기계는 큰 힘을 발휘한다. 그러나 잘 맞물리지 않은 부분이 여기저기 있으면 기계 전체가 고장나고 나중에는 산산히 부서져 버리게 된다. 이와 마찬가지로 계획을 규칙적으로 바르게 실행하고자 해도 한 번 어긋나기 시작하면 계획대로 실행할 수가 없다.

여기서 포기하고 손을 드느냐, 아니면 더 이상 어긋나지 않도록 있는 힘을 다하여 본래대로 계획을 수행하느냐는 당신이 선택할 문제이다.

5분명상

내가 헛되이 보낸 오늘 하루는
어제 죽어간 이가 그토록 바라던 하루이다.

- 소포클레스

50
하찮은 일에 시간을 낭비하지 말라

시간을 소중히 여긴다면 저속하고 하찮은 일은 하지 않도록 주의해야 한다. 자기 자신에게 조금이라도 수치스러운 일은 지금은 물론이고 앞으로도 절대 하지 말아야 한다.

옷차림에 상당한 시간을 들이는 사람이 많다. 수염을 깎거나 옷을 갈아입는 데 한두 시간을 소비하는 것이다. 이런 사람들이 일생 동안 무엇을 해낼 수 있겠는가? 턱은 매끈하고 옷차림은 세련되어 있을지 모르지만, 정작 중요하고 훌륭한 일은 하지 못한다. 옷차림이 세련되어 있는 것은 좋지만, 무거운 짐을 싣고 고개를 넘는 데 번쩍거리는 최고급 짐수레는 적당하지 않다.

운동에 대해서는 뒤에서 말하겠지만 활력을 주고 기분을 상쾌하게 하기 위해서가 아니라, 대부분의 시간을 스포츠로 보내고도 그것을 기분 전환을 위해서라고 말하는 사람이 많다. 그런데 자신이 좋아하는 분야의 기분 전환에는 주의가 필요하다. 왜냐하면 사람은 자기가 좋아하는 일에는 아낌없이 시간을 할애하기 때문이다.

젊은 시절 분별 없이 독단에 빠져 인생을 망치는 실수를 저지르고 뒤늦게 후회하는 사람이 있다. 교육을 받은 어른들은 대체로 이런 실수를 범하지 않는다.

하지만 시간을 낭비하는 실수는 젊었을 때, 아니 실제로는 평생을 통하여 특히 저지르기 쉬운 잘못이다.

가령 매일 하룻밤을 잡담을 나누거나 담배를 피우면서 보낸다고 하자. 하룻밤 정도라면 짧은 시간으로 생각하기 쉽다. 그러나 인생을 마치고 영원한 여행길에 오를 때, 그 많은 시간들이 얼마나 아깝게 생각되겠는가? 잃어버린 시간을 되찾을 수 없다고 느꼈을 때의 후회는 또 얼마나 크겠는가?

젊은이들이 시간만큼 쉽게 낭비하는 것은 없다. 예외는 있겠지만, 만일 젊은이들이 다른 것도 그처럼 낭비한다면 세상 사람들은 크게 실망할 것이다.

우리는 공적으로나 사적으로 자신이 해야 할 일을 게을리하고서, 시간이 없으니 어쩔 수 없다며 스스로를 합리화시키기 쉽다. 그러나 낭비된 시간 쪽에서는 거짓말이라고 큰 소리로 외칠 것이다.

유감스럽게도 실로 많은 사람들이 이 귀중한 선물을 헛되이 써 버리고, 죽을 때가 되어서야 말로 표현할 수 없는 자기 혐오와 후회로 고통스러워한다.

부귀영화를 누린 한 여왕은 죽음을 눈앞에 두고 "약간의 시간을 살 수만 있다면 막대한 돈을 써도 좋다."라고 외쳤다고 한다. 그동안 그녀는 그런 약간의 시간을 얼마나 낭비했던가? 통렬한 이 외침도 이미 때가 늦은 것이다.

자기점검표

- 나는 이웃을 향해 사랑의 의무를 준수하며 살고 있는가?
- 나는 대화할 때 나쁘게 말하는 습관을 갖고 있지는 않은가?
- 나는 다른 사람에게 들은 말을 확인도 하지 않고 또 다른 이에게 옮기지 않는가?
- 나는 다른 사람에 대해서 비난하는 것을 즐겨 하지 않는가?
- 나는 내 자신의 생각이나 감정, 소원, 목표 등을 말할 때 정직한가?
- 나는 다른 사람의 성공이나 부, 명예 때문에 은근히 기분이 상해 있지 않은가?
- 나는 다른 사람을 질투하고 있지 않은가?

자신의 생각이나 의견을
대화로써 서로 교환하는 것만큼
우리 인간에게 주어진 멋진 선물은 없다.
그러나 입은 재앙의 원인이 될 수도 있다.
즉, 좋게도 나쁘게도 될 수 있는 도구이다.

6

나를 바꾸는
대화 기술

dialogue

51

재치있는 대화의 기술을 연마하라

대화의 기술을 연마하는 일만큼 우리가 소홀히 하고 있는 것은 없다. 그런데 이 대화만큼 우리에게 즐거움을 안겨 주는 유익한 것도 없다.

대화하는 방법을 명확히 알고 있는 사람은 크게 활용할 수 있는 도구를 갖고 있는 셈이며, 그것이 있으면 어떤 그룹에서도 환영을 받는다.

처음 만나는 사람이라도 얘기를 나누다 보면 곧 재미있는 사람인지 아닌지 알 수 있다. 예컨대, 다른 사람과 합승하여 차를 탔다고 하자. 상대방의 이야기에 귀를 기울이고 있다 보면 어느새 금방 목적지에 도착한다. 어떻게 그럴까? 그것은 그의 화술 때문이다.

대화로 서로의 생각을 나눈다는 것이 얼마나 소중한 일인지는 새삼스럽게 말할 필요가 없다. 이는 어떤 처지에 있든 모든 사람들이 즐겁게 보낼 수 있도록 신이 마련해 주신 수단이다. 남을 가르치거나 가르침을 받는 데 있어 가장 뛰어난 수단이다. 사람과 사람이 대화를 나누는 것은 서로의 생각을 전달하기 위한 인류의 공통 수단이며 그 이상 훌륭한 것은 없다.

그렇다면 이 수단을 어떻게 최고로 연마하고 활용하는 것이 좋을까? 충고해 주고 싶거나 강한 인상을 심어 주고 싶은 친구가 있을 경우, 가장 좋은 방법은 직접 만나서 이야기하는 것이다. 먼저 그의 입장이나 원하는 것과 싫어하는 것을 잘 생각해 본다. 무엇에 마음이 이끌리고 있는가, 어떻게 설명하면 납득할 수 있는가, 자기 나름대로 무엇을 해보려고 하는가를 고려한다. 그리고 상대의 관심을 끌 수 있는 화제에 대해 생각해 본다. 그리고 나서 그 친구에게 가 목소리나 어조에 주의하면서 자신이 그의 친구임을 확신시키기 위해 노력한다. 미리 생각해둔 대로 부드러운 말씨로 자신의 견해를 밝히며 마음을 털어놓는다.

대화에 의한 설득에 전력을 기울였다면, 당신은 자신이 지닌 최선의 수단을 충분히 활용한 것이다. 그래도 상대방의 마음이나 양심에 통하지 않는다면 단념할 수밖에 없다.

호감을 주는 말씨의 4원칙

첫째, 교양있게 말하라.

같은 말이라도 기분좋게 받아들일 만한 언어를 구사하는 사람이 있는가 하면, 본심은 그렇지 않은데 웬지 뒷맛이 개운치 않게 여운을 남기며 말하는 사람이 있다. 말은 언제나 상대방의 입장을 고려해서 하는 게 중요하다.

둘째, 요령있게 말하라.

있는 그대로 말하여 상대의 기분을 망치기보다는 조금 솔직하지 못하더라도 듣기 좋게 말하는 센스가 필요하다.

셋째, 재치있게 말하라.

그때의 상황에 걸맞는 재치있는 말은 우리 삶의 활력소이자 감정을 순화시키는 청량제이다. 그것은 모든 사람에게 웃음을 가져다줄 수 있고, 상황을 반전시켜 활력을 주기도 한다.

넷째, 상황에 맞게 말하라.

말하는 사람은 항상 적극적인 태도를 취하되 듣는 사람에게 도움이 안 되는 내용은 피해야 한다. 또한 상대방의 반응을 살피며 흥미없어하는 이야기는 오래 하지 않도록 하고, 신중하게 화제를 선택하여야 한다.

52
대화는 상대방의 마음을 읽는 창이다

당신이 어떤 특정한 문제에 대해 정보를 얻고 싶어한다고 치자. 그리고 그 문제에 대해 쓴 책과 그것을 완전히 이해하고 있는 친구가 있다고 하자. 이럴 경우 책보다는 오히려 친구에게 가서 이야기를 듣고자 하는 것은 무엇 때문인가? 그것은 정보를 얻는 데 가장 흥미있고 신속한 수단은 책이 아니라는 사실을 알고 있기 때문이다.

친구에게 가서 얘기를 나누면, 그 특정한 문제에 대한 정보를 구할 수도 있고 자기의 반론도 제기할 수 있다. 이미 자기가 알고 있는 것과 친구가 말하는 것을 비교하고, 친구의 지식을 모두 자기 것으로 만들 수도 있다. 그리고 다시 그 문제를 이해하기 위해 더욱 깊이 공부함으로써 오해하고 있었던 부분을 바로잡을 수 있을 뿐만 아니라, 완전히 이해하여 자기 교양의 일부로 만들 수 있다.

자신이 생활하고 있는 집단, 혹은 자기가 그 속에서 더욱 발전할 수도 있는 집단에서 그 사람들의 마음을 확실히 파악하는 데 대화 이상의 수단은 없다. 누구나 대화를 통해서 상대방으로부터 가능한 한 많은 것을 이끌어내어 그것을 자기 것으로 만들 수 있다. 그리고 지금까지 한 번도 책에 쓰여진 적도 없고 앞으로도 쓰여지지 않을 막대한 양의 아이디어나 정보가 교양 있는 많은 사람들의 집단에는 넘쳐난다.

우리는 자신의 감정에 입히는 옷에 감정 자체를 무의식적으로 맞추는 경향이 있다. 도시나 이와 비슷한 환경에 살고 있는 사람이 빠지기 쉬운 두 가지 위험이 있는데, 그 하나는 부드럽고 세련된 말을 사용하는 습관이 몸에 배어 있으므로 자기의 진실된 감정과는 어긋나더라도 남을 속이고 자신도 속이기 쉽다는 것이다. 위선은 그것을 행하는 동안에 어느새 남의 것이 아니라 자기의 본성처럼 되어 버린다. 너무 예의범절에만 신경을 쓰다 보면 진실한 마음이 담기지 않게 된다.

또 하나의 위험은, 대화에 의해서만 수집한 정보는 정확하지 않을 수도 있다는 것이다. 그런데 권위있는 사람의 말이라고 해서 그 정보를 그대로 받아들이는 경우가 있다. 그런 정보는 신뢰할 수 없다. 사실을 그대로 전하는 것이 책의 역할이지만, 그 책마저도 때로는 사실을 왜곡하거나 역사를 멋대로 날조하는 경우가 많다.

대화나 사교에만 의존하여 지식을 얻는 사람은 머리 회전이 빠를지는 몰라도 그의 지적 능력은 조잡할 수 있다. 그런 사람은 남을 즐겁게 해주거나 상대방의 흥미를 끌며 새로운 것에 대한 견해를 펼칠 수도 있지만, 그 판단의 공정성은 믿을 것이 못 된다.

일반적으로 학생들이 다른 여러 계층의 사람들보다 훨씬 유리한 입장에 있다고 말할 수 있다. 지식을 얻는 가장 확실하고 바람직한 두 가지 수단을 함께 갖고 있기 때문이다. 정확하고 깊이있는 사상은 책에서 얻을 수 있고, 사람이나 사물에 관한 일반적인 지식은 교사나 친구와의 대화, 그리고 교제를 통해 얻을 수 있다. 그러므로 어느 정도의 제한은 있지만, 책을 통해서와 마찬가지로 대화에 의해서도 자신을 향상시키는 것이 학생의 본분이다.

그러나 대화는 일종의 거래이므로 한 사람 한 사람이 자기 몫을 제공해야 한다. 상대방으로부터 자신에게 유용할 듯한 정보나 정신적인 양식을 얻고자 한다면, 그 상대방도 당신에게서 도움을 얻을 수 있도록 먼저 자신의 재능이나 실력을 쌓아야 한다. 그렇지 않으면 당신은 공정한 거래를 하고 있다고 말할 수 없다.

53
시시한 이야기로 시간을
헛되이 하지 말라

쓸데없는 시시한 대화를 듣게 되면 교양있는 사람은 참기 어려울 정도로 불쾌해지고, 그들과 가까이 하고 싶은 생각조차 없어지게 될 것이다. 시시한 논의를 듣기 위해 자기의 소중한 시간을 몇 시간씩 낭비할 수는 없기 때문이다.

시시한 이야기를 들으면 바로 신경을 곤두세우는 까다로운 성격이나, 무엇이든지 정확하고 세밀한 것이 아니면 직성이 풀리지 않는 취미는 별로 칭찬할 만한 것이 못 된다. 그러나 사교계에서 시시한 대화로 얘기꽃을 피우는 사람들에게 꼭 말하고 싶은 것은 그런 시시한 대화 때문에 지적인 사람들이 사교계에 발을 들여놓지 않게 된다는 것이다.

한편 지적인 사람들도 그곳을 피하려고만 해서는 안 된다. 분위기를 바꿀 만한 용기를 가져야 한다. 다른 사람들이 쓸데없는 소리를 하고 있다고 해서 잠자코 앉아 있을 필요는 없다.

어떤 모임에서든 한 사람쯤은 쓸모있는 이야기를 하고 싶어한다. 또 그만한 능력이 있는 사람이 분명히 있을 것이다. 그런 사람을 찾아내어 질문을 하고 필요한 정보를 얻기 위해 진지하게 노력해야 한다.

이렇게 마음만 먹으면 누구에게서나 뭔가를 배울 수 있다. 유익한 대화를 나누는 사람이 최소한 두 사람도 없다면 그것은 당신의 책임이다. 그러므로 지루하고 시시한 대화밖에 하지 못했다고 불평할 일이 못 된다.

뛰어난 두뇌나 재능을 가진 사람도 모임에서 어리석은 대화에 가담할 수밖에 없는 것은 유감스러운 일이다. 원래 그런 두뇌나 재능을 가진 사람은 대화를 올바른 방향으로 이끌고, 그곳에 있는 사람들을 이야기 속으로 끌어들여 감명을 줘야 한다. 언제나 의식적으로 알찬 대화를 하려는 태도를 지녀야 하는데 이와 같은 태도의 결여는 큰 결함이 아닐 수 없다.

딱딱한 공부나 어려운 사상에 몰두해 있던 사람이 특히 빠지기 쉬운 위험이 있다. 그것은 여러 사람들과 만나면 지금까지 하고 있던 공부나 생각들을 모두 잊어 버리고 자유롭다 못해 때로는 흥분하기까지 하는 것이다. 자신의 지식이나 재능으로 함께 있는 동료들을 이끌고 계몽해야 하는데, 그런 일은 어느새 까맣게 잊어 버린다. 그런 기회를 잘 활용하지 않으면 자기의 인격이 잘못 판단된다는 사실도 잊어 버리게 된다.

그렇다고 해서 자신의 인격, 재능, 학식을 내세우기 위해 대화를 독점하라는 것은 절대 아니다. 다만 계속하여 쓸데없는 이야기만 지껄여서 자신의 말에 귀기울이는 사람들의 시간을 헛되이 만들지는 말라는 것이다. 그렇지 않으면 사람들은 언제까지나 현명해지지도 않고 발전도 하지 못한다.

남에게 교만하다는 인상을 주어도 안 되지만, 사람들의 호감을 받기 위해서는 입이 무거운 것이 제일이라고 생각하는 사람은 인간의 본질을 상당히 오해하고 있는 것이다. 보기에는 믿음직스러워 보일지 모르지만, 그런 사람을 번번이 식사에 초대하여 좋았다고 생각하는 사람은 없을 것이다. 헤어질 때는 올 때보다 자신이 더 현명해져 있거나 혹은 다른 사람을 현명하게 해 주어야 한다.

5분명상

○ 인생에서 가장 훌륭한 것은 대화이다.
그리고 그 대화를 완성시키는 가장 중요한 것은 사람들과의 신뢰관계
즉, 상호이해를 두텁게 하는 것이다.
— 에머슨

54
험담은 반드시 자기에게로 돌아온다

그 모임에 참석한 사람이 많든 적든, 그곳에 있지 않은 사람의 험담을 하면 으레 상대방의 귀에 들어가기 마련이다. 그리고 자칫 하면 반격을 받게 된다.

자기 친구를 환대한 식탁에 성 어거스틴이 새겼다는 글은 우리도 깊이 명심해야 할 것이다.

"친구의 험담을 몰래 한 사람은 같은 험담을 듣게 된다."

서로 헐뜯거나 혹은 적어도 상대방이 이득을 볼 것 같을 때 비하하는 말을 하는 것은 어쩌면 인간의 또 다른 단면인지도 모른다. 남을 욕하는 사람은, 본인은 명예라는 의자에서 거기에 어울리지 않는 사람을 쫓아내는 자선을 행한 것으로 착각할지 모르지만 바로 자기 자신을 속이는 행위이다.

디오도루스 시클레스(B. C. 1세기경, 그리스의 역사가)의 책에서 아주 활동적인 작은 동물에 대해서 읽은 일이 있다. 시클레스는 그 동물을 이크누몬이라고 부른 것으로 기억하는데, 이 동물은 언제나 악어의 알을 찾아내어 그것을 깨 버리기에 바쁘다. 더욱 특이한 점은, 깨 버린 알을 절대로 먹지 않고 아무 목적도 없이 단지 깨뜨리기만 한다는 점이다.

시클레스의 말에 의하면, 만일 이 부지런한 동물이 열심히 악어의 알을 깨지 않았더라면 이집트는 악어로 가득찼으리라는 것이다. 왜냐하면 이집트인은 악어를 신처럼 공경하여 자기들의 손으로는 절대로 죽이지 않기 때문이다.

남의 험담을 하는 사람들은 혹시 이 작은 동물처럼 인류를 위해 은혜를 베풀고 있다고 자화자찬하고 있는 건 아닐까? 그러나 그런 식으로 자기 자신은 속일 수 있어도 다른 사람은 속이지 못한다.

몰래 한 험담은 상대의 귀에 들어갈 뿐만 아니라, 함께 있는 사람에게 편견을 갖게 한다. 대부분의 사람들은 남의 험담이라면 즐겨 귀를 기울인다. 그래서 설사 열 가지를 칭찬했다 해도 그것은 잊어 버리고, 두세 가지 험담은 듣는 사람의 기억에 오래 남게 된다.

또한 이것만으로 끝나지 않는다. 남을 나쁘게 말하면 양심에 가책을 받아 자신이 잘못한 것을 마음에 되새기며 당신 또한 다른 사람으로부터 욕을 먹게 되지 않을까 걱정하게 된다.

친구의 사소한 결점이나 약점을 비난하는 사람은 곧 모든 사람을 적으로 만든다. 다른 사람이 눈앞에서 비웃음을 당하면 그 순간에는 함께 비웃을지라도, 냉정히 생각해 보면 자신도 같은 일을 당하게 될지 모른다는 생각이 들 것이다.

한 정직한 사람이 사교계에 발을 들여놓게 되었다. 그는 그다지 교양 있어 보이지도 않고 머리가 명석하지도 않았지만 곧잘 어울리고 있었다. 그런데 한 가지 이상한 점이 있었다. 언제나 오래 버티고 앉아 있다가 맨 나중에 돌아가는 것이었다. 어떤 사람이 왜 그렇게 엉덩이가 무겁냐고 묻자, 그는 웃으면서 명쾌하게 대답했다.

"사람이 자리를 뜨면 곧 그의 험담을 하기 시작하지요. 그러니 험담을 듣지 않으려면 다른 사람이 모두 자리를 뜰 때까지 남아 있는 게 현명한 방법 아니겠어요?"

5분명상

햇빛이 아주 작은 틈을 통하여 보여질 수 있듯이,
사소한 일 하나, 태도 하나, 말씨 하나에서
그 사람의 인격을 알아볼 수 있다.

- S. 스마일즈

55

겉치레 말보다는 진심으로 격려하라

친구나 친지에게 마음에도 없는 겉치레로 말하는 습관은 자신의 인격을 해치게 된다. 그것은 남보다도 자기 자신을 망치는 일이다.

항상 겉치레 말을 즐겨하는 사람은 자기가 그렇게 말하면 상대방에게서도 그 이상의 인사가 돌아올 것으로 기대하는 것일지도 모르겠다. 그러나 겉치레로 말하는 것과 친구에게 진심으로 잘 되도록 격려하는 것은 크게 다르다.

겉치레 인사는 다른 사람 앞에서 하는 것이 보통이다. 아마도 증인이 필요할 것이다. 다른 사람 앞에서 칭찬하면 그 친구도 어쩔 수 없이 인삿말을 하지 않을 수 없기 때문이다. 그러나 진심에서 우러나오는 격려는 개인적으로 해야 한다.

겉치레 인사를 들으면 아무래도 상대방에게도 인삿말을 해야 한다. 그 이외에는 보답할 방법이 없다는 것을 잘 알고 있기 때문이다. 즉 그보다 더 상대방을 만족시킬 수 있는 방법이 없는 것이다. 이렇게 사람들은 곧잘 남을 이용하여 자기의 사소한 장점을 크게 부풀려서 자꾸 칭찬하도록 만든다.

그러므로 다른 사람이 아부하듯이 말하는 얘기를 듣고 흐뭇해해서는 안 된다. 더욱이 그것을 기대하는 것은 있을 수 없으며, 그것은 속셈이 빤히 들여다보이는 일이다.

사람들은 설사 그것이 거짓말이며 사탕발림이라는 것을 알지라도 칭찬의 말을 듣고 싶어한다. 누구나 칭찬할 만한 일이 못 된다는 것을 알면서도 칭찬을 받고 싶어한다.

존슨 박사는 그 까닭을 이렇게 설명하고 있다.

"마음에 없는 말을 하고 있는 줄 알면서도 칭찬을 받으면 기쁜 법이다. 왜냐하면 거짓말을 해서까지 칭찬해 준다는 것은 적어도 자기 능력을 인정하는 것이며, 자기의 존재가 상대방에게 중요하다는 증거이기 때문이다."

다른 사람이 훌륭한 생각을 갖고 있으면 그 점에 관해서만은 칭찬해 주고 싶다고 생각하는 것은 마음이 너그러운 증거이다.

56
재치가 넘치는 말을 하라

재치가 넘치는 말을 하는 데는 두 가지의 위험이 따른다.

하나는, 무기를 너무 날카롭게 하면 반드시 누군가에게 상처를 입히게 된다는 것이다. 아무리 그렇게 할 생각이 없었다 해도, 진한 농담이나 뼈가 있는 말은 반드시 타인에게 상처를 주게 되며 적을 만들고 원한을 사게 된다. 따라서 기지를 발휘하려고 하는 사람은 반드시라고 해도 좋을 만큼 적을 만들기 쉽다.

사람은 누구나 자신에게 색다른 버릇이나 약점이 있음을 알고 있다. 하지만 그것은 자기라는 인간의 한 부분이다. 그러므로 그것을 꼬집어 상처를 입히는 사람을 좋아할 수는 없으며, 좋아하려고도 하지 않는다. 그런 약점은 누구나 갖고 있다. 설사 자신의 약점을 스스로 부끄럽게 생각할지라도 남에게 비웃음받는 것을 좋아할 사람은 없다. 자신의 우수성을 드러내며 남을 비웃는 사람에게는 누구나 반발을 느낀다.

재치있는 말을 할 때의 두 번째 위험은, 자신의 두뇌 작용을 건전하지 못하게 만들어 버린다는 점이다. 재치있게 말하려고 하면 웬지 색다르고 한쪽으로 치우친 연상을 하게 되어, 보통 사람으로서는 생각하지 못하는 발상을 하는 것이다. 그러면 모든 것들이 전과는 다르게 보이며 결국 그 색다른 연상에서 빠져나오지 못하게 된다. 결과적으로 두뇌는 지식을 얻거나 교환하는 균형 잡힌 기능을 하지 못하게 되어 아무 쓸모없는 사람으로 전락하고 만다.

재치가 뛰어난 말을 잘 구사하는 사람은 터무니없는 엉뚱한 이야기도 함부로 지껄이게 된다는 것을 알아야 한다. 가장 아름다운 진주를 만들어내는 조개는 토해내는 찌꺼기도 가장 많다고 한다.

세상에는 엉뚱한 말을 많이 하는데도 재치가 넘친다는 명성을 얻고 있는 사람도 적지 않다. 수천 마디의 시시하고 엉뚱한 말 속에 한 마디쯤 재치있는 말이 튀어 나오면, 사람들은 다른 시시한 말은 잊어 버리고 좋은 말만 그들의 기억에 새겨두기 때문이다.

57

품위 있게 말하라

불순하고 응큼한 의미를 내포한 말처럼 불쾌한 것은 없다. 그 이유는 구태여 말할 필요도 없을 것이다. 품위 없는 이야기를 좋아할 거라고 상대방이 제멋대로 생각하는 것만큼 모욕적인 일은 없다. 이것은 순수하고 도덕적인 사람에 대한 노골적인 모욕이다.

다른 사람을 선도하거나 즐겁게 해주기 위해서 실화나 일화 등을 예로 들어 말할 때에는 반드시 품위 있는 말을 사용해야 한다.

일화나 우화는 어떻게 이용해야 할까? 잘 이용하면 대단히 중요한 역할을 하게 되지만, 잘못 이용하면 도움은 커녕 오히려 분위기를 망치고 만다. 우화나 일화는 중요한 가르침을 알기 쉽게 설명하는 데 없어서는 안 될 소재이다. 우화나 일화를 인용하지 않으면 사람들의 흥미를 끌거나 감동을 줄 수 없다. 따라서 우화나 일화를 인용하는 것은 좋지만 정도가 지나쳐서는 안 된다. 이 경우에 주의해야 할 점이 두 가지가 있다.

첫째, 내용을 있는 그대로 이야기해야 한다는 것이다.

재미있고 흥미롭게 만들려고 마음대로 이야기를 덧붙이거나 빼서는 안 된다. 조금이라도 덧붙이거나 빼면 그것은 역사를 왜곡하는 것이 된다. 되풀이해 이야기하는 동안 도저히 같은 이야기라고 볼 수 없을 만큼 내용을 변경시키고 각색하여 지어낸 이야기로 만들어 버리는 사람이 있는데, 이것은 아주 좋지 않은 습관이다. 정말 흥미있는 이야기를 사실대로 이야기할 수 없게 되기 때문이다.

둘째, 단지 이야기를 재미있게 하려는 목적으로 일화나 우화를 인용해서는 안 된다는 것이다.

자기가 이야기하거나 글로 쓰는 내용을 보다 알기 쉽게 하려는 목적으로만 인용해야 한다. 그렇지 않으면 사족이 되어 버린다. 그렇다고 해서 불필요할 정도로 상세히 인용해야 한다는 것은 아니다. 그것은 감당하기 어려운 일이다.

마치 생선을 먹을 때 가시를 골라내는 일이 힘든 나머지, 다 먹고 난 후 가시에 대한 것만 머리에 남고 정작 중요한 살코기에 대해서는 잊어 버리는 것과 같다. 성격이 급한 사람이라면 그런 식사를 하지 않을 것이다.

58
좋은 대화를 위한 메이슨의 10가지 제언

질투심을 불러일으킬 만한 이야기는 피하는 게 좋다. 그러기 위해서는 순수한 마음씨를 가져야 한다. 사람들과 이야기할 때에는 명랑해야 하며, 이런 습관이 몸에 배면 어떤 사람으로부터도 호감을 받게 된다. 사람은 누구나 많은 결점과 어려운 문제들을 안고 있기 때문에 명랑한 친구를 대하면 자연히 즐거워진다.

아무리 성미가 까다롭고 고약한 사람이라도 어린이들의 즐거운 얘깃소리나 환성을 들으면 발길을 멈추고 마음이 한결 부드러워지게 마련이다. 밝은 목소리로 명랑하게 이야기하면 자기 자신은 물론 듣는 사람까지도 유쾌해진다.

섬세한 마음을 지닌 쿠퍼의 가장 좋은 말상대는 그가 기르던 토끼였다. 그는 토끼가 기분좋게 뛰어다니는 것을 보고, 자신의 슬픔을 곧잘 잊어 버렸다고 말하고 있다.

다음은 현명한 메이슨이 우리에게 주는 대화에 관한 규칙을 요약한 것이다.

1. 친구의 인격을 배워라. 친구가 자신보다 뛰어나다면 질문을 하고 성실하게 듣는 입장이 되어야 한다. 또한 자신보다 못하다면 그에게 힘이 되어 주어야 한다.
2. 어떤 모임에서 참석자들이 침묵으로 돌아가면, 누구라도 발언할 수 있는 폭넓은 화제를 제공하여 분위기를 바꾸어라. 미리 적당한 이야깃거리를 마련해 둘 필요도 있다.
3. 중요한 정보나 유용한 이야기를 새롭게 들으면 곧 메모하라. 그리고 가치 있는 것은 그대로 남겨두고 그렇지 않은 것은 모두 버려야 한다.
4. 친구 사이에서 있으나마나한 존재가 되지 말라. 즐거운 분위기를 만들기 위해 노력한다면 좋은 화제를 찾을 수 있다. 가만히 있는 것은 잘못이다. 무슨 얘기라도 하면, 그 내용이 평범하더라도 가만히 있는 것보다는 낫다. 모두들 침묵을 지켜 조용해지면 어떻게 해서든지 그것을 깨뜨려야 한다. 그러면 모두가 당신에게 감사하게 될 것이다.

5. 성급하게 나서서 발언하지 말라. 이야기가 계속 진전되어도 다른 관점에서 바라보고 스스로 문제를 분명히 파악할 때까지 기다려야 한다. 그렇게 하면 자신감있게 발언할 수 있다. 아무리 좋은 말이라도 같은 친구에게 다시 되풀이해서는 안 된다.

6. 친구 앞에서 거리낌없이 반론을 제기하거나 비판하지 말라. 사람은 누구나 자신의 결점이나 잘못에 대해 당신과 다른 관점을 갖고 있다는 것을 기억해야 한다.

7. 친구가 험담을 하거나 상식을 벗어나는 이야기를 하면 먼저 주의를 주고, 주의를 줘도 소용이 없으면 입을 다물고, 그래도 계속하면 그 자리를 떠나도록 하라.

8. 자신이 마치 그 일에 전문가인 것처럼, 혹은 자기만이 남보다 뛰어난 재능을 갖고 있는 것처럼 행동하여 동료들의 이목을 끌려고 하지 말라.

9. 쓸데없다고 생각되는 이야기라도 참고 들으라. 반드시 쓸데없다고 단정할 수는 없으며, 거기서도 뭔가 배울 점이 있을지 모른다.

10. 느긋하고 편안한 기분을 갖고, 다른 사람도 그렇게 느낄 수 있도록 노력하라. 그러면 더욱 좋은 생각이 머리에 떠오를 수도 있다.

훌륭한 경청자가 되는 비결

첫째, 상대에게 기회를 줘라.

그의 얘기 중에 당신에게 문득 기발한 얘깃거리가 생각났더라도 참는 게 좋다. 중간에 끼어드는 것은 바람직하지 못하다.

둘째, 이야기의 줄거리를 놓치지 말라.

쉽게 다른 화제로 이야기를 돌려 버려서도 곤란하다.

셋째, 이야기가 끝난듯이 여겨지더라도 잠시 기다려라.

상대방은 아직 보충할 얘기가 남아 있을지도 모른다. 그에게 충분히 이야기할 기회를 주어라. 그러면 아마도 그는 당신을 놀라우리만치 훌륭한 대화 상대라고 생각할 것이다.

넷째, 이야기의 흐름을 놓쳐 버렸을 경우 솔직히 고백하고 정중히 사과한 다음 다시 이야기를 부탁하라.

이런 태도는 오히려 당신을 성실한 사람으로 돋보이게 한다.

다섯째, 항상 겸손하라.

당신이 그보다 더 뛰어난 사람이고 아는 것이 많을지라도 늘 겸허함을 잃지 말라.

여섯째, 남을 칭찬하라.

상대방을 존중하는 마음으로 이야기를 귀담아 듣고, 적절히 반응하며 칭찬을 아끼지 말라.

59
화나는 일이 있어도 냉정히 대처하라

여기에 또 한 가지 덧붙이고 싶은 얘기가 있다.

그것은 친구 사이에서 절대로 감정을 그대로 드러내지 말라는 것이다. 설사 불쾌하거나 화나는 일이 있더라도 흥분해서는 안 된다. 아무리 큰 소리로 분노를 폭발시키고 싶어도 냉정함을 잃지 말라. '칼날은 차가울수록 잘 드는 법'이다. 그러면 틀림없이 논쟁에서 이길 수 있을 것이다.

반발에 대해 냉정하게 대처하는 사람이 반드시 동료들의 지지와 존경을 받게 마련이다. 곧 덤벼들 태세로 발끈 하는 사람은 그냥 내버려 두면 된다. 언쟁을 좋아하는 사람은 평생을 두고 싸움을 계속해야 한다.

사실 논쟁은 자신의 의견을 강하게 내세워 승리하기 위해서 싸우는 것으로, 친구들 사이에서 할 일이 못 된다. 어느 한 쪽이 상처를 입게 되기 때문에 논의가 논쟁으로 번지면 곧 중단해야 한다.

자신의 생각이나 의견을 대화로써 서로 교환하는 것만큼 우리 인간에게 주어진 멋진 선물은 없다. 그러나 입은 재앙의 원인이 될 수도 있다. 알기 쉽게 말하자면 좋게 될 수도, 나쁘게 될 수도 있는 도구이다. 따라서 우리의 책임은 아주 막중하다.

말에 배어 있는 감정은 많든 적든 사람들에게 영향을 미친다. 그것이 좋은 영향이라면 바람직한 일이지만, 그렇지 않다면 큰일이다. 따라서 이 멋진 선물을 사용하는 데에는 중대한 책임이 따른다는 사실을 한시도 잊어서는 안 된다.

지혜롭게화내는 8가지방법

1. 다른 사람의 기분에 좌우되지 마라.
2. 당당하게 말하라.
3. 상대의 자극적인 말을 가슴에 담아두지 말고 무시하라.
4. 상대가 부주의하게 내뱉은 말이라면 아예 무시하고 잊어버려라.
5. 화제를 바꿔라.
6. 감정적으로 받아 치지 마라.
7. 모욕적인 말은 저지하라.
8. 핵심을 명확하게 말하라.

60
평범한 대화 속에도
가치있는 지식이 있다

꿀벌은 꿀만 있으면 어떤 꽃에서든 꿀을 빨아들인다. 그들은 그 기술을 잘 알고 있기 때문이다.

사람은 성격이 어떻든, 또 어떤 입장에 놓여 있든 남과 대화를 나눔으로써 정신적으로 성장할 수 있다고 한다. 꿀벌이 꿀을 섭취하듯이 사람도 대화로써 상대로부터 좋은 점은 흡수하고 나쁘거나 무익한 점은 절제하여 받아들이지 않는 능력을 지닌다면 그보다 더 좋은 일은 없을 것이다.

방법을 알면 분명히 유익한 것이 바로 대화이다. 그러나 이 대화에는 규칙이 있으며, 그 규칙을 잘 지키면 주위 사람들과 비록 평범한 대화를 나눌지라도 가치있는 지식을 얻어낼 수가 있다. 또 점점 다른 화제로 바꾸면서 그 영역을 넓혀나가거나 상대의 마음을 그쪽으로 유도하면 얼마든지 많은 지식을 얻을 수 있다.

사람은 누구나 어떤 면에서는 남보다 뛰어난 재능을 한 가지쯤은 지니고 있다. 아무리 못 배운 사람일지라도 뭔가 한가지는 다른 대부분의 사람보다 더 잘 알고 있는 분야가 있는 것이다. 어떤 사람은 농사 짓는 기술에 관해서 또 어떤 사람은 원예에 관해서 남보다 뛰어난 지식을 갖고 있다. 어떤 사람은 기계나 기타 공업에 관해서 또 어떤 사람은 수학에 관한한 남보다 뛰어나다.

따라서 대화를 나누고자 할 때는 상대가 어떤 분야에 관심이 많고 뛰어난지 미리 파악한 뒤에 그것을 화제로 삼는 것이 바람직하다. 그것은 별로 어려운 일이 아니다. 상대가 대화의 주도권을 잡으려 하지 않고 귀기울여 준다면, 누구나 자기가 자신있게 말할 수 있는 분야에 대해 얘기를 늘어놓을 것이다.

몇몇 예외도 있긴 하지만 대부분의 사람들은 좌담의 주역이 되고 싶어한다. 따라서 참석자들의 대화 중에서 뭔가 자신에게 도움이 될 만한 지식을 얻고 싶다면, 우선 남들이 자랑삼아 진지하게 얘기하는 것을 놓치지 말고 잘 들어야 한다.

그렇게 하면 자신이 만나는 모든 사람들로부터 가치있는 지식을 모조리 흡수하게 되고, 앞으로 자신의 생활에 그 지식을 활용할 수 있다. 이것은 남을 함정에 빠뜨리는 일과는 다르다. 좌담의 주역으로서 잠시 누군가를 인정해주는 것은 그가 모든 면에서 우월하다는 것을 인정하는 것과는 분명히 다르다. 그 사람이 그 자리에 있는 다른 사람들에게 유익함을 주는 것뿐이다.

상대방이 말하는 도중에는 절대로 얘기를 중단시키지 말고 끝까지 들어야 한다. 그렇게 하면 상대를 보다 잘 이해할 수 있을뿐만 아니라 더욱 훌륭한 대답을 얻어낼 수 있다. 기회만 만들어 주면 상대는 이쪽에서 지금까지 들어본 적이 없는 얘기를 들려주거나 잘 모르는 걸 가르쳐 주기도 하고, 나아가서는 전혀 기대하지 않았던 이야기까지 해주기도 할 것이다.

다른 사람 앞에서 얘기할 때는 상대의 얘기를 먼저 듣고 나서 자신의 의견을 말하는 것이 겸손하고 현명한 태도이다. 그렇게 하면 상대방도 당신 얘기를 기분좋게 들어줄 것이고, 당신은 해야 할 이야기의 요점도 미리 생각해둘 수 있으므로 하고 싶은 말을 일목요연하게 피력할 수 있다. "두 번 생각한 후에 말하라."는 옛 격언은 꼭 기억해야 할 충고이다.

자신이 하고 싶은 얘기는 가능한 한 간단명료하게 표현하는 것이 좋다. 특히 중요한 것은 반드시 진실된 얘기만 해야 한다는 점이다. 감정에 사로잡혀 흥분한다거나 자기 자랑을 늘어놓지 않아야 한다는 점도 간과해서는 안 된다.

182

대화를 잘하는 방법

말을 한다는 것은 인간관계에 있어 어려운 문제의 해결 방법이다.

사람과 사람의 문제는 구체적으로 말을 함으로써 해결된다.

상대의 입장을 고려하여 상황에 적합한 말을 한다면, 상대의 심리를 부드럽게 하여 흐뭇한 인간관계가 이루어질 것이다. 그러나 말을 함부로 하거나 잘못하면 상대의 심리를 자극하여 결국 인간관계도 험악해지고 만다.

당신이 무심코 내뱉은 말 한마디가 상대의 심적 변화를 야기시키고, 나아가 상대방의 인간관계를 여러 모양으로 바꾸어 놓을 수도 있다.

말이란 필요할 때 필요한 만큼 가장 효과적인 방법으로 해야만 비로소 좋은 결과를 얻는 법이다. 때와 장소에 맞게, 또 상대에 따라 적합한 말을 할 때 인간관계는 꽃이 피고 열매가 맺을 것이다.

칼날에 베인 상처에서는 피가 나고, 말로써 베인 상처에서는 피가 나지는 않지만 그것이 아물기까지는 오랜 시간이 걸린다.

때와 장소에 따라 적당한 말을 적당하게 하되 결코 말에 인색하지 말라.

항상 상대방의 입장을 고려하여 말하되 상대의 심리를 자극하는 말은 삼가라.

당신이 어떤 말을 어떻게 하느냐에 따라 당신의 인간관계는 원만할 수도 불편할 수도 있다.

살인은 한 사람만을 죽이는 것이지만 험담은 반드시 세 명을 해치게 된다. 험담하는 장본인과 그것을 제지하지 않고 듣고 있는 사람, 그리고 험담의 대상이다.

몸이 튼튼하고 체력도 있을 때에는
정신 또한 그런 육체의 도움으로
힘든 시련을 견딜 수 있고,
이해력도 증대되며,
상상력은 생기가 넘친다.

나를 바꾸는
건강 비결

7

health

61

건전한 육체에 건전한 정신이 깃들게 하라

젊은이의 희망과 장래는 무엇보다도 건강에 달려 있다. 지칠 대로 지쳐서 몸이 말을 듣지 않거나 혹사당하게 되면, 두뇌도 그 영향을 받아 공부를 제대로 할 수가 없다. 건강을 무시하고 체력이 쇠약해지는 것을 그대로 방치하면, 한동안은 그럭저럭 두뇌의 기능을 발휘하겠지만 결국은 아무런 기능도 할 수 없게 된다. 땔감이 다 타고 나면 불이 꺼져 버리듯이……

예를 들어 당신이 학생이라면 전보다 성적이 나빠질지 모른다. 지금껏 당신의 성적이 변변치 않았더라도 부지런히 노력하면 더 좋은 성적을 올릴 수 있을 테지만, 건강을 해쳐서는 좋은 성적을 올릴 수 없게 된다.

다시 말하지만 건강하지 않으면 아무것도 이룰 수 없다. 그러므로 '건강한 육체에 건전한 정신이 깃들도록' 항상 노력해야 한다.

젊은이들은 눈앞에 모든 분야의 지식이 끝없이 펼쳐져 있어 그들 특유의 낙천주의와 쾌활함으로 의욕이 넘쳐흐른다. 따라서 자기 일이나 학문이 완성될 때까지는 절대로 물러서지 않겠다고 결심하고 열의를 쏟는 젊은이들이 많다. 심지어 건강에 주의하라고 타일러도 듣지 않다가, 이미 더 이상 일과 공부를 계속할 수 없을 정도로 건강을 해치는 경우도 있다. 그리하여 죽음의 그림자가 엄습했음을 알아차렸을 때는 이미 늦게 된다.

유능한 젊은이일수록 목표도 높다. 그리고 자기의 재능에 대해 자부심이 강할수록 건강을 해칠 위험도 크다. 그것은 열심히 공부해서라기보다는 스스로 건강을 돌보지 않기 때문이다.

건강에 신경쓰지 않고, 전심전력을 다하여 공부에 열중하면 처음에는 확실히 큰 진전이 있을 것이다. 그러나 그 성과가 곧 한계에 도달하고 체력이 쇠약해지면, 실의 속에 막막하게 살아갈 수밖에 없다. 열심히 공부하는 학생이라면, 건강을 해칠 위험이 항상 따라다닌다.

원래 인간은 활동을 하도록 창조되었다. 숲 속을 돌아다니거나 알프스의 암벽을 마음껏 오르내리는 사냥꾼들이야말로 나무랄 데 없는 건강의 소유자이다. 수많은 풍파에 시달리며 밤낮을 가리지 않고 일하는 선원들은 술과 여자에 빠져 몸을 망치지 않는 한 정말 건강한 사람들이다.

지나치지 않을 정도로만 몸을 움직인다면, 인간은 누구나 건강한 생활을 할 수 있도록 타고났다. 그런데 젊은이들의 일상생활은 그런 자연의 섭리를 벗어나 있기 때문에 본래의 건강이 끊임없이 억압받고 있는 것이다.

유능한 많은 젊은이들이 일찍 죽는 원인 중 하나는 짧은 기간에 너무 많은 일을 하려고 하기 때문이다. 즉, 그들은 두뇌를 단련시키고 지식을 축적하는 중요한 일을 적어도 25세까지는 끝마쳐야 한다는 조급한 생각으로 건강은 아랑곳하지 않고 책과 씨름하는 것이다.

두분명사

육체적 건강은 물론 정신적 건강을 동시에 유지하려면
1, 10, 100, 1,000, 10,000의 수칙을 준수해야 한다고 한다.

1 : 항상 일찍 일어나라.
10 : 하루에 10번을 크게 웃고, 남을 웃겨라.
100 : 하루에 글자 100개씩 매일 써라.
1,000 : 하루에 글자 1,000자를 매일 읽어라.
10,000 : 하루에 10,000보를 걸어라.

62
운동은 중단해서는 안 되는 약이다

약은 꼭 필요할 때에만 먹으면 된다. 그러나 운동은 우리에게 중단해서는 안 되는 약이다.

지금의 당신은 젊고 쾌활하며, 식욕도 왕성하고 체력도 좋아 그 야말로 최고의 건강을 유지하고 있다. 기력도 충실하며, 바쁜 일들 때문에 시간은 화살처럼 빨리 지나갈 것이다.

그렇다면 일부러 무리해서 날마다 운동할 필요가 없지 않을까, 누구 못지 않게 잘 걸을 수 있는 튼튼한 다리가 있는데 무거운 지팡이를 짚고 걸어다니는 것과 다름없는 운동을 굳이 해야 할까 하고 생각할 것이다.

관절염이나 소화불량으로 시달리지 않으려면 평소에 음식 섭생을 잘 해야 한다. 그러나 많은 사람들은 그 필요성을 조금도 느끼지 않고 있다. 아니, 섭생을 해도 회복되지 않을 만큼 증세가 심해질 때까지도 그 필요성을 느끼지 못하는 것은 아닐까?

이 점에 관해서는 그것을 이미 경험하여 잘 알고 있는 사람들의 증언에 귀를 기울여야 한다. 그들은 말할 것이다. "운동을 하고 안 하는 것은 당신이 마음대로 결정할 수 있는 일이 아니다. 운동은 반드시 해야 한다. 그렇지 않으면 장래를 망치게 된다."

당신은 일이나 공부를 해야 한다는 초조감 때문에, 혹은 좋지 않은 생활 환경 때문에 도저히 운동할 시간이 없다고 말할지도 모른다. 그러나 내가 보기에 당신은 아주 중요한 사실을 간과하고 있다. 시험삼아서 날마다 활발한 운동을 한 달만 규칙적으로 실행해 보라. 그러면 운동을 하지 않았을 때와 같은 양의 일이나 공부를 훨씬 쉽게 할 수 있음을 깨닫게 될 것이다. 그리고 그 차이에 대해 스스로 놀라게 될 것이다.

이렇게 육체에 활기를 주기 위해 사용된 시간은 그만큼 두뇌의 활동이 좋아짐으로써 일이나 공부를 쾌적하게 하는 것으로 보충된다.

5분명상

개인의 순결한 양심 외에 건강은 인간의 가장 큰 재산이다.

– 칼 마르크스

190

63
가장 좋은 운동은 걷기

내 경험으로 볼 때, 가장 좋은 운동은 무엇보다도 걷는 것이라고 생각한다. 바칸(1729~1805, 스코틀랜드의 의학자)도 가장 권장할 만한 운동은 걷기라고 주장하고 있다. 왜냐하면 걷는 운동은 다른 가벼운 운동에 비해 훨씬 많은 근육을 사용하기 때문이다.

이 산보의 이점은 무엇보다도 쉽게 할 수 있다는 데 있다. 도구 같은 것은 일체 필요없으며, 밖에서 하기 때문에 폐는 신선한 공기를 들이마시고, 눈은 언덕이며 골짜기, 나무, 꽃 등을 관찰할 수 있다. 눈에 보이고 귀에 들리는 것 모두가 두뇌의 작용을 활발하게 하고 의욕을 북돋아 준다.

산보의 또 다른 이점은 친구와 함께 걸을 수 있으므로 즐거운 대화를 나누면서 상쾌한 기분을 만들 수 있다는 점이다. 이것은 매우 중요한 이점으로, 산보 이외의 운동에서는 맛볼 수 없다. 같은 소리를 듣고, 같은 것을 보고, 이에 대해 서로 이야기하면서 걷다 보면 절로 즐거운 기분이 들어 피로가 싹 가실 것이다.

따라서 산보는 가능한 한 친구와 함께 하는 것이 좋다. 2~3주간 친구와 함께 규칙적으로 산보를 해보면, 그 놀라운 효과를 느낄 수 있을 것이다. 일이나 공부가 일단락되면 가능한 한 먼 거리를 산보하면서 장래를 위해 건강한 체력을 기르도록 힘써야 한다.

내가 알고 있는 두 젊은이는 이런 간단한 방법으로 신체를 단련시켰다. 한여름에 두 사람이 200마일 이상이나 걸었던 것이다. 당신도 곧 이런 운동에 익숙해져서 매일 산보할 시간이 오기만을 기다리게 될 것이다.

5분명상

○ 좋은 사람을 만나는 것은 신의 선물이고
그 관계를 지속시키지 않는 것은
신의 선물을 내팽개치는 것이다.

- 데이비드 팩커드

걷기운동의 효과와 올바른 자세

걷기는 시간과 장소에 크게 구애받지 않으며 특별한 기구가 없이도 할 수 있는 운동이기 때문에 많은 사람들이 즐겨하는 대표적인 유산소 운동이다. 또한 몸에 큰 무리나 힘이 들어가지 않고, 어려운 기술이 요구되지 않으며, 안전한 운동이기에 남녀노소를 막론하고 가장 편하게 할 수 있는 운동이다.

걷기는 하반신 부위의 관절 및 근육 운동으로 신체의 중심부 심장 및 폐에 가장 많은 영향을 미치게 되어 혈액 순환 효과, 호흡기능 개선 및 소화기능을 향상시킨다. 또한 뼈를 튼튼하게 해 골다공증을 예방하고 관절을 부드럽게 하여 퇴행성 변화를 막아준다. 하지만 이처럼 많은 장점에도 불구하고 쉽다는 생각에 자신의 자세를 확인하지 않고 잘못된 자세로 걷기를 습관화할 경우 어린이의 휜다리, 체형 불균형이나 성인의 허리디스크, 퇴행성관절염 등을 유발할 수 있기 때문에 주의가 요구된다.

올바른 자세는 걷기의 시작이자 마지막이다. 굳이 운동을 하지 않더라도 평소의 걸음걸이가 몸에 여러 가지 요인으로 작용할 수 있기 때문이다.

- 목-가슴-배-허리를 똑바로 세운 채 턱을 당기고 시선은 20~30m 앞을 향한다.
- 양어깨를 이은 선이 수평이 되게 하고, 어깨가 좌우로 흔들리지 않도록 한다.
- 가슴은 펴고, 허리는 위아래로 흔들리지 않도록 일정한 높이를 유지한 채 걷는다. 양팔은 진행 방향으로 똑바로 흔들고, 팔꿈치는 자연스럽게 굽힌다.
- 발은 11자 모양으로 뒤꿈치부터 딛도록 하고, 보폭은 운동으로 할 경우 평상시보다 조금 더 넓게 해야 한다.

64
매일 규칙적으로 운동하라

일부러 의사를 찾아가, 몸을 쓰지 않으면 왜 운동을 할 생각만 해도 귀찮고 피곤한지 물을 필요는 없다. 대답은 분명하다. 책을 보면서 몇 주일씩 방 안에 틀어박혀 있다 보면, 2~3킬로미터를 걷는다고 생각만 해도 피곤해진다. 몸을 움직여야 한다는 생각만으로도 근육이나 관절이 오그라드는 듯하고 손발이 아파 와서 그 이상으로 무리해서까지 운동할 엄두가 나지 않는다.

매일 운동하는 습관은 뒤로 미룰수록 점점 실행하기가 어려워지는 법이다. 그러므로 매일 일정한 운동 시간을 정해 두지 않으면 얼마 안 가 완전히 그만두게 되고 만다. 운동을 즐겁게, 혹은 적어도 고통을 느끼지 않고 하려면 매일 거르지 않고 하는 수밖에 없다.

신문은 언제든 마음 내키는 대로 손에 들고 읽어도 재미를 느낄 수 있지만, 운동은 그렇지 않다. 운동은 일종의 부담이기 때문이다.

운동을 조금 해보고 별 효과가 없다며 차라리 하지 않는 것만 못하다고 생각하는 사람이 있다. 또한 얼마간 운동을 해보고는 시큰둥해져서, 역시 운동은 자기 몸에 맞지 않는다고 결론 내리는 사람도 있다. 그들은 어떻게 다른 사람들은 날마다 운동을 할 수 있을까 하고 내심 궁금해 한다. 마치 인디언이 바위 위에 깃털 하나를 올려놓고, '대체 사람들은 어떻게 깃털 이불을 덮고 잠잘 수 있을까?' 하고 신기해 하는 식이다.

운동이 즐거워지는가 그렇지 않은가는 운동 자체의 가벼움 또는 격렬함에 따라 결정되는 것이 아니라, 날마다 하느냐 안하느냐에 따라 결정된다.

정신, 그리고 특히 육체는 규칙적으로 운동하지 않으면 한평생 충분한 능력을 발휘하지도 못한 채 이 세상을 떠나 버릴지 모른다. 이 점을 명심한다면 운동을 싫어하는 사람이라도 운동을 하지 않을 수 없게 될 것이다.

5분명상

시간의 걸음걸이에는 세 가지가 있다.
미래는 주저하면서 다가오고, 현재는 화살처럼 날아가고,
과거는 영원히 정지하고 있다.

— F. 실러

65

건전한 정신과 육체의 소유자가 되라

자신에게 유익한 운동이 되게 하려면 다음의 3가지 사항을 지켜야 한다.

1. 날마다 규칙적으로 실행해야 한다.

자연의 여신은 우리에게 공복감을 느끼게 함으로써 체력 소모를 보충할 만한 음식을 날마다 섭취하도록 배려해 준다. 그러나 운동을 하지 않으면, 그렇게 섭취한 음식을 영양분이 되도록 적절히 분해 흡수할 수 없다. 운동도 식사와 마찬가지로 규칙적으로 해야 한다. 튼튼한 두 개의 다리가 있는 이상 어떤 그럴듯한 구실을 붙인다 해도 운동을 하지 못할 이유는 될 수 없다.

2. 기분좋게 즐기면서 할 수 있어야 한다.

가만히 서서 워킹머신을 밟는 것은 규칙적으로 몸을 움직이게 해 많은 체력을 필요로 하는 운동이지만, 아주 지루하기 때문에 아무래도 오랫동안 계속하기는 힘들다. 그것으로 설사 강철 같은 몸을 만들 수 있다 해도 그런 기분으로 오래 지속할 수 없을 것이다.

운동에서 즐거움을 찾아내는 것이 우선 첫째 조건이다. 산보는 좋은 운동이지만 커다란 맷돌을 돌리는 말처럼 서서히 걸어서는 곤란하다. 또 승마도 좋지만 목마를 타듯 해서는 안 된다. 운동은 반드시 즐겁게 해야 한다. 예나 지금이나 작가들은 한결같이 즐거움은 오락의 대상물 속에 있는 것이 아니라 자기의 마음 속에 있다고 말한다. 마음이 즐거움을 느끼면 모든 것이 오락의 대상이 되는 것이다.

3. 마음을 여유롭게 할 수 있어야 한다.

철학은 불행이 닥쳐와도 동요하지 않고 당당히 대처해 나가는 마음을 가르치며, 신앙은 그 속에서 꿋꿋이 견뎌나가는 힘을 준다. 그러나 건전한 정신과 육체를 가진 사람에게는 불행이 스스로 피해 간다. 우리는 정신과 육체를 건전하게 유지함으로써 현재나 미래에 대해 아무런 두려움이 없는 상태로 만들기 위해 노력해야 한다. 정신이 현악기의 현처럼 항상 팽팽한 긴장감을 갖고 있어서는 그렇게 될 수 없다. 공부나 걱정거리를 모두 잊고 여유로워질 수 있는 사람이야말로 정말 유용한 지식을 자기 것으로 만들 수 있다.

66
운동을 통해 정신을 단련하라

예로부터 많은 뛰어난 인물들이 때로는 농사를 짓고, 법정에 서 열변을 토하거나 군사를 지휘했으며, 책을 탐독하기도 했다.

모세나 몇 사람의 예언자들과 마찬가지로 야곱의 열두 아들도, 이새의 훌륭한 아들 다윗도 양을 치는 목동이었다. 바울은 훌륭한 학자였으나 천막을 만드는 기술자였으며, 크레안테스(B. C. 300~232?, 그리스의 스토아파 철학자)는 정원사의 조수로 일했다. 크레안테스는 낮에 공부를 하기 위해서 밤에 물을 길어와 정원에 뿌렸다.

또한 시저는 잘 알려져 있다시피 야영지에서 공부했으며, 강을 헤엄쳐 건널 때에는 자기가 쓴 원고를 한 손으로 들고 수면 위로 들어 올린 채 헤엄을 쳤다. 구스타프 1세(1496~1560, 스웨덴의 바사왕조의 창시자)는 "그 사람만큼 망치질을 잘 하는 직공은 없었다."는 평을 들었다. 만일 이들이 괴로운 육체노동을 감당하지 못했더라면 정신면에서 그처럼 뛰어날 수 없었을 것이다.

여러분 역시 정원이나 밭, 작업장에서 일하고 있을 때도 친구와 산보할 때와 마찬가지로 즐거움을 느낄 수 있다면, 산보보다 그쪽을 선택하면 된다. 그러나 매일 일정한 운동을 하는 것이 가장 즐겁다면 그것이 무엇보다도 당신에게 유익한 것이다.

규칙적인 운동을 하지 않으면 자기에게나 친구에게, 또 사회에 대해서도 자기 자신의 진가를 충분히 발휘할 수 없다. 그것은 다음과 같은 이유 때문이다.

1. 운동 덕분에 수명이 연장된다. 우리의 몸은 운동도 하지 않고 집안에 틀어박힌 채 두뇌만 시시각각 에너지를 소모해 가도록 만들어지지 않았다.

2. 운동을 하지 않는 것보다 하는 편이 인생이 즐겁다. 이것은 매일 운동을 하는 사람에게 해당되는 말이다. 이런 습관이 몸에 밴 사람은 누구나 이 말에 공감할 것이다.

3. 다른 사람에게 기쁨을 줄 수 있다. 명랑한 친구는 매우 귀중한 존재이다. 그리고 운동은 사람을 명랑하게 만든다.

4. 정신은 운동에 의해서 단련된다. 아름다운 시적 이미지나 사상은 일종의 고급 향수처럼 세속에서는 무익하며, 특별한 감각의

소유자가 아니면 즐길 수 없다. 그것들을 즐길 수 있는 예민한 감각을 연마하고 싶다면, 몇 년 동안 방안에 틀어박혀 신경을 단련시키면 된다. 그러면 눈앞의 현실은 모두 꿈속처럼 느껴질 것이다. 그러나 아무런 두려움 없이 인생의 깊은 곳으로 뛰어들고, 높은 곳을 향해 날아오르며, 강인하고 적극적으로 활동할 수 있는 정신을 갖고 싶다면, 반드시 날마다 철저하게 규칙적인 운동을 해야 한다.

사람은 전혀 다른 두 가지 요소로 이루어져 있다. 활기차지 못하고 수동적이며 스스로를 다스리지 못하는 부분과, 그 부분을 지배하고 움직이며 살리는 부분이다. 몸이 튼튼하고 체력도 있을 때에는 정신 또한 그런 육체의 도움으로 힘든 시련을 견딜 수 있고, 이해력도 증대되며, 상상력은 생기가 넘친다. 또한 생각이 넓어지며, 자기 인식을 정확하게 검토하고 비교할 수 있어 정확한 판단력을 기르게 된다. 즉 그릇된 교육이나 부주의, 인습의 함정에서 쉽게 빠져나올 수 있으며, 자기에게 가장 보람있고 유익한 일이 무엇인지 명확히 간파하여 단호하면서도 확실하게 그것을 추진해 나갈 수 있다.

일상생활에서 나타나는 운동의 효과

- 활력과 자신감 증진 : 운동은 불안, 우울, 분노 등의 감정을 조절할 수 있게 해주고 두통, 어지러움 등의 증상도 경감시켜 심리적 안정감과 자신감을 준다. 그래서 운동은 우울증 치료 방법으로 가장 많이 쓰이기도 한다. 운동을 함으로써 인간의 본능속에 잠재된 강렬한 신체활동과 자기표현 욕구를 충족시키는 중요한 역할을 하며, 창조적 문화 형성과 발전에 원동력이 된다.

- 작업 능률 증진 : 운동 자체로 인한 성취감과 자신감으로, 정신적인 안정을 찾게 되고 일에 몰두할 수 있게 하며 집중력을 향상시켜 작업 능률을 높여 준다.

- 피로회복 촉진 : 운동을 해서 근육이 발달되면 산소와 영양분이 잘 공급되어 피로를 덜 느낀다. 오랜 시간 동안 무리하지 않고 적절한 운동을 하면 산소 소비량이나 근육에서 사용되는 당의 양이 적어지고, 피로 물질인 젖산이 적게 생성되므로 운동 후에도 피로를 거의 못 느끼게 된다.

- 스트레스 해소 : 운동을 하면 엔돌핀의 분비를 증가시킨다. 엔돌핀은 일명 '뇌의 마약'으로서 기분을 상쾌하게 하고 동통을 감소시키는 역할을 한다. 그래서 운동을 하고 나면 기분이 좋아지고 뻐근하던 몸이 풀리는 느낌이 든다. 또한, 규칙적인 운동습관은 정신적인 안정과 스트레스 해소에 효과가 크며, 만성적 또는 과도한 스트레스를 해소하는 가장 좋은 방법 중의 하나이다.

- 노화 방지와 젊음의 유지 : 알맞은 운동은 노화로 인한 신체와 정신기능의 쇠퇴를 방지할 뿐만 아니라 오히려 향상시킨다. 또한, 뼈의 칼슘 침착을 도와주고 골다공증을 예방하며 근육을 강하게 하여 젊고 건강한 외모를 유지시켜 준다.

67
정신은 영원히 충족될 수 없는 것이다

야망의 성취를 삶의 보람으로 여기며 모든 시간과 노력을 들여서라도 명성을 얻고 싶어하는 유혹만큼 뿌리치기 어려운 것도 없다. 이 세상에 이 유혹의 샘에서 솟아나오는 물처럼 달콤한 것은 없을 것이다. 그러나 사수가 화살을 겨누고 몰래 기다리듯이, 이 물을 마시러 오는 사람에게는 위험이 도사리고 있다는 사실을 그들은 미처 깨닫지 못한다.

우리의 야망을 짓뭉개 버리는 것은 수없이 많다. 따라서 야망 이상으로 고귀한 인생 목표가 없는 한, 이를 추구하는 데는 많은 위험이 따른다. 얼마나 많은 사람들이 희망에 넘치고 기대감으로 부풀어올라 인생을 시작했다가 금세 실망하고 절망에 빠져 의욕을 잃게 되는가? 자기가 오르려 했던 나무가 예상보다 훨씬 높아서 그

열매를 손에 넣기가 생각처럼 쉽지 않다는 사실을 뒤늦게 깨닫기 때문이다. 설사 일이 잘 되어 어느 정도 야망이 이루어지기 시작했다 해도, 그 사람에게 가까이 가 보면 멀리서는 보이지 않던 결함이나 언뜻 보기에 화려해 보였던 것의 배후에 가려진 허점이 보이게 된다. 이러한 약점을 다른 사람들이 그냥 지나칠 리 없고, 그것은 더욱 부풀려져 나중에는 마치 많은 결점을 지닌 사람처럼 보여질 것이다.

그러나 그뿐이라면 참을 수도 있다. 인격상의 허점이 다른 사람들 앞에서 들추어진다 해도 살아갈 수는 있다. 하지만 산을 오를 때 발을 잘못 내디디면 어떻게 되겠는가? 곧바로 골짜기 아래로 곤두박질치고 말 것이다. 명성을 얻는 것을 삶의 목표로 삼고 있다가 그 목표를 달성하는 수단이 잘못된다면, 그로 인해 젊은 날의 모든 희망이 한순간에 깨져 버리고 만다.

게다가 명성을 얻기 위해 살아가는 사람에게 일어나는 최악의 사태는 어떠한 명성도 오래 가지 못한다는 것이다. 명성이란 언제나 허망한 것이며, 처음 그것을 얻을 때 못지 않게 그것을 유지하는 일은 더욱 어렵다.

몇 년에 걸친 노력 끝에 겨우 명성을 얻는다 해도, 그것을 유지해 나가려면 그 이상의 어려움이 뒤따른다. 점점 높아가고 있다가도 어느 한순간 곧 땅에 떨어져 사라지는 것이 명성이다. 아무리 훌륭한 업적을 쌓아도 그 이상의 것이 요구되며, 아무리 최선을 다해도 그 이상의 노력이 요구된다. 그것을 하지 못하면 명성은 이내 사라져 버린다. 설사 뜻한 대로 일이 잘 되어가더라도 결국에는 사람들의 기대를 따르지 못하게 된다.

어떤 사람이 처녀작을 썼다고 하자. 아무도 그 작품에 크게 기대하지 않았으므로, 호의적으로 받아들여 칭찬해 줄지도 모른다. 그러나 두 번째 작품은 처녀작처럼 너그럽게 평가되지 않는다. 그것은 세상의 평판을 기준으로 하여 평가된다. 그럴 때 다른 신진 작가가 문단에서 주목을 받기 시작하면, 그것은 그에게 치명적인 일이 된다. 명성을 추구하는 한 이와 같은 일은 피할 수 없다.

사람들은 칭찬하지 않아도 되는 상황이라면 결코 칭찬하려 하지 않으며, 기회가 있으면 칭찬을 철회하고 싶어한다. 나중에 그 일로 무시당하게 되더라도, 기울어진 저울이 본래의 위치로 돌아온 것으로 어쩔 수 없는 일이라고 생각한다.

야망을 품고 살아간다는 것은 질투로 인한 불안감, 지나치게 높은 목표, 끊임없는 욕망, 쓰디쓴 실망에 끊임없이 시달리며 사는 것을 말한다. 그것은 허공을 잡으려는 것과 마찬가지로, 정신은 영원히 충족되지 않는 법이다.

68
커다란 꿈을 향해 나아가라

장차 이루고 싶은 목표를 꿈이라고 일컫는다. 다시 말해 내가 되고 싶은 사람의 모습을 구체적으로 그린 그림이 꿈이다. 아무리 '난 정신적 · 물질적으로 만족스런 삶을 사는 게 꿈이야.' 하고 말해도 구체적인 그림이 없다면 꿈도 없는 것이나 마찬가지다.

불멸의 영혼은 어떤 커다란 꿈을 향하여 성장시켜 나가야 한다. 겉으로만 빛나는 것이 아니라 우리의 내부에서 참으로 빛을 발하는 고귀한 이상을 향하여 말이다. 우리가 영혼을 성장시켜 목표로 삼아야 하는 이 '커다란 꿈' 이란 정말 커다란 꿈일 수도 있고, 혹은 우리가 멋대로 그렇게 생각하는 데 불과할 수도 있다.

그러나 어쨌든 무엇을 인생의 참 목표로 삼을 것인가 하는 것은 대단히 어려운 문제이다. 쾌락이나 부, 명예에 대한 욕망을 갖지 말라는 것은 마음을 냉혹하고 쓸쓸한 상태로 두라는 말이 아니다. 또한 마음을 명랑하게 하거나 평온하게 하지 말고, 남을 사랑하는 마음을 갖지 말라고 말하는 것도 아니다.

내가 바라는 것은 계획을 세우고 목표를 향해 나아가는 동안은 언제나 만족스럽고 평온한 마음을 유지하며, 자기는 결코 헛되이 살고 있지 않다는 분명한 자의식을 갖는 것이다. 그렇게 하면 영혼은 숭고하고 고귀하게 성장하여, 당신의 인생은 신의 축복을 받듯 밝은 빛을 향해 나아갈 것이다.

매일 한 발짝씩만 다른 사람보다 앞서 가도록 노력하라. 꾸준히, 날마다 한 발짝씩만 앞서 간다면 머지않아 성공의 길이 당신 앞에 펼쳐질 것이다.

현재 같은 학교, 같은 직장, 같은 사무실에서 비슷한 공부나 일을 한다고 해서 앞으로도 다 비슷하게 살지는 않는다. 10년쯤 지난 후, 그 중에는 다른 사람들의 삶과 질이 다른 삶을 사는 사람이 분명히 있을 것이다. 겉보기에는 평범해 보일지라도 높고 구체적인 꿈을 갖고 있는 누군가가 바로 그 주인공일 것이다.

꿈을 지닌 사람은 설사 그 꿈이 이루어지지 못한다 해도 그 자체만으로도 특별한 가치가 있다. 꿈을 가진 사람은 비슷한 처지의 다른 사람들과 달리 말하고 행동한다. 꿈은 현실적인 것이 뒷받침되어야 그것을 포기하지 않을 수 있고, 꿈이 있어야 현실을 충실하게 살 수 있다. 자신의 삶이 성공적인 인생이 되기를 바란다면 지금 당장 마음 속에 자신이 바라는 미래의 자화상을 그려라.

성공적인 삶을 위한 습관

시간을 소중히 여기고 유익하게 활용하라.

작은 일도 소중히 여기며 최선을 다하라.

목표를 달성할 때까지 중단하지 말고 계속 노력하라.

실패에 좌절하지 않고 그 속에서 교훈을 찾아내라.

언제나 모든 일을 긍정적으로 생각하라.

자기 자신을 존중하고 사랑하라.

작은 인연도 소중히 여기며 서로 도움을 줄 수 있는 관계로 만들어라.

늘 밝은 미소와 기쁜 표정을 지어라.

오늘을 정리하고 내일의 할 일을 계획하라.

끊임없이 메모하고 그것을 활용하여라.

긴급하고 중요한 일에 우선 순위를 두어라.

미래지향적인 사고방식을 지녀라.

예의 바르고 인간미 넘치는 사람이 되라.

상대의 말을 잘 들어 주고 서로 도움을 주는 사람이 되라.

69

피로한 몸을 위한 여가 활용법

경마에 돈을 거는 것은 레이스에 이기기 위해서이다. 그런데 한번도 달려본 적이 없는 말에 돈을 거는 사람이 있을까? 물론 없다. 동물이 최상의 컨디션을 유지하려면 반드시 운동을 해야 한다는 것은 누구나 알고 있을 것이다. 그럼에도 불구하고 동물을 돌보는 만큼도 자신을 돌보지 않는 사람이 많은 것은 실로 유감스러운 일이다. 동물에게 운동이 중요한 것 이상으로 인간에게는 운동이 중요하다. 인간의 활동은 머리에 중점이 놓여 있어 동물처럼 평소에 몸을 움직이지 않기 때문이다. 그리고 운동은 몸을 단련할 뿐 아니라 머리의 작용도 활발하게 한다.

1년에 한 번이나 가끔 운동을 한다면 그것으로는 아무 효과가 없다. 일주일에 몇 번, 가능하면 날마다 조금씩 몸을 움직이는 것이 바람직하다. 수영, 사이클링, 테니스, 배드민턴, 조깅, 워킹 등 뭐든지 좋다. 일주일에 몇 번은 일정한 시간에 운동할 수 있도록 계획을 세우자. 그리고 정해진 시간에는 반드시 운동을 하라. 운동은 대단히 중요하므로 다른 일에 방해받아서는 안 된다.

조금이라도 운동을 하면 근육이 신축되고, 호흡이 깊어지고, 땀이 나고, 머리가 개운해진다. 따라서 운동을 끝내고 나면 기분이 상쾌할 것이다. 밖에서 하기 어렵다면 실내에서 하는 운동도 있다. 체조나 그 밖에 근육을 단련하는 운동은 실내에서도 할 수 있다. 단련의 결과는 심혈관이 튼튼해지고, 심장 발작의 위험이 적어진다. 그리고 심리적으로도 큰 효과가 있으며, 기분좋게 운동하고 있는 동안은 고민도 사라진다.

올바른 식사요법과 운동이야말로 건강과 젊음과 장수를 위한 중요 요소이다. 운동을 시작하기에는 너무 늦었다는 것은 변명에 불과하다. 내가 아는 어떤 남성은 심장발작을 두 번 경험하고 그 밖에도 몸 여기저기 이상이 있었으나 73세에 떨치고 일어나 아침마다 약 3킬로미터씩 빠르게 걷기 운동을 시작해 심장을 단련시켰다.

1년에 한 번 건강진단을 할 때 운동에 관해 꼭 의사와 상담하기를 권하고 싶다. 어떤 운동이 자기 몸에 적합한가를 물어보고, 자기가 정해놓은 운동 계획도 의사의 체크를 받는 것이 좋다.

70

일 잘하고 잠 잘 자는 비결

'인간은 병보다 걱정에 의해 죽는다'는 속담도 있지만, 정말 그런 것 같다. 걱정만 하고 있으면 용기도 나지 않을뿐더러 하는 일도 사고방식도 엉망이 된다. 또한 화를 잘 내게 되며 주의가 산만하고 초조하여 대인관계를 점점 어렵게 만든다. 대부분의 걱정은 문제가 생겼을 때 적당한 해결법을 찾지 못하는 데서 온다.

걱정이나 불안은 어떻게 다스려야 할까? 기본적인 것이 두 가지 있다. 먼저 걱정거리 리스트를 만들고 그것을 분석하는 것이다. 리스트를 중요한 순서대로 나열하기만 해도 걱정의 대부분은 사라져 버린다. 그리고 자기보다 더욱 큰 고민을 안고 있는 사람이 많다는 것을 알아차리면 걱정은 더욱더 줄어들 것이다. 그래도 아직 남은 문제에 대해서는 마음 속에서 그것을 일소하기 위해 더욱 적극적인 사고를 할 필요가 있다.

미국 대통령만큼 많은 걱정을 안고 있는 사람이 있을까? 대통령은 참으로 중대한 문제의 책임을 지고 있으므로, 무엇 하나 쉽게 해결할 수 있는 것이 없다. 그리고 우리의 개인적인 문제에 비하면 훨씬 복잡하기도 하다. 그럼에도 불구하고 일찍이 트루먼 대통령은 하루의 집무를 마친 후에는 모든 것을 잊어버리고 곧 깊이 잠들 수 있었다고 한다. 어떻게 이런 일이 가능했을까? '자신'이 있었기 때문이다. 날마다 최선을 다하고 있다는 느낌, 그 이상으로는 할 수 없다는 자신감이 있었기 때문에 고뇌가 없었던 것이다. 그 다음은 하느님의 가호를 빌 수밖에 없다. 자기가 전력을 다하고 있다는 확신과 반드시 해결의 길이 열린다는 신념이 있으면, 아무리 큰 어려움이 따르더라도 걱정이 없어지는 법이다.

그러나 때로는 자신감이나 신념을 갖지 못하는 경우도 있다. 그럴 때에는 자기를 잘 컨트롤해야 한다. 인간의 고뇌에 눈을 돌리는 것도 하나의 방법일 것이다. 그것을 자기의 고뇌와 견주어보라. 자기의 고뇌가 보잘것없는 것이라면, 오히려 자기는 행운이 있다고 생각될 것이다.

무언가 남을 위해 일하는 것은 좋은 방법이다. 환자를 방문한다, 몸을 잘 움직이지 못하는 사람을 도와준다, 가족을 잃은 사람을 위로한다 등등. 때로는 자연을 바라보고 유유자적하는 것도 좋다. 곧 피어나려는 꽃봉오리, 시시각각으로 색채가 달라지는 저녁노을, 시원한 물소리를 내면서 바위 위로 흘러가는 계곡 등등. 또 때로는 취미나 그 밖의 레크리에이션으로 의욕을 기르는 것도 바람직하다. 음악에 귀를 기울이면 마음이 편안해지고 명상에 잠기는 것도 마음의 평화를 위해 효과가 있다. 이와 같이 여러 가지 방법으로 자신과 신념을 되찾을 수 있다.

주위를 돌아보면 자연계에서 휴식을 필요로 하지 않는 것은 거의 없다는 사실을 알 수 있다. 인간의 몸도 자연의 일부이다. 완전히 불타버리지 않기 위해서는 휴식이 필요하다. 몸은 쉬고 있는 동안에 기력을 배양하고 잠에서 깨어나면 전보다 더욱 활발하게 일할 수 있는 에너지를 보충한다.

바쁘다는 핑계로 몸의 요구를 무시하고 휴식시간을 갖지 않는 경우가 있는데, 필요한 휴식을 취하지 않으면 몸은 반드시 위험 신호를 보낸다. 휴식의 양은 사람에 따라 다르다. 자기에게 어느 정도의 휴식이 필요한지를 잘 살펴 육체를 혹사하는 일이 없도록 해야 한다. 그리고 수면시간은 되도록 정확히 지켜야 한다. 그렇지 못했을 때에는 가능한한 일찍 자서 부족했던 잠을 보충해야 한다.

71

정력적인 마음과 몸을 만드는 비결

목적을 달성하려면 에너지가 필요하다. 로켓을 쏘아올리기 위한 점화제, 혹은 차를 움직이는 가솔린의 역할을 하는 것이 에너지이다. 그러나 한 사람 한 사람이 필요로 하는 행동 에너지의 양은 양동이로는 측정할 수 없다. 인간의 에너지는 그 사람의 심신 상태로 측정하는 수밖에 없다.

1마일(약 1.6킬로미터)을 달리는 데 4분이라는 기록을 최초로 깬 사람은 로저 바니스터라는 의사였다. 그는 자기의 건강에 대해 이렇게 말하고 있다. "몸과 마음이 조화된 상태에서는 무슨 일을 해도 최고의 능력을 발휘할 수 있어 가장 행복하다."

건강하다는 것은 몸과 마음이 모두 만족스러운 상태이다. 건강하지 못하다는 것은 일시적 또는 지속적인 지병으로 말미암아 정력이 쇠퇴한 상태, 혹은 건강할 때 원하는 일을 못하는 상태이다.

올바른 행동을 취하려면 올바른 인식을 해야 한다. 건전한 정신은 건전한 신체에 깃드는 것이며, 몸이 건강하면 기력도 충실하고 낙관적이 되고 조화로운 행복감을 느끼게 된다.

성공한 사람에게는 공통점이 있다. 그것은 대단히 정력적이라는 것이다. 이것은 나이와는 관계가 없다. 그들은 스스로 몸과 마음을 소중히 간직하여 정력을 기르고 있다.

육체적인 장애를 극복하고 성공한 사람도 있다. 베토벤, 헬렌 켈러 등 많은 예가 역사에 남아 있다. 그들은 장애를 딛고 일어서 성공했으며 자기의 불행을 완전히 극복하였다.

인간의 건강을 관리하는 것은 의사라고 말하는 것이 오랜 상식처럼 되어 있다. 그러나 오늘날에는 이 사고방식이 바뀌고 있다. 의사도 많은 힘이 되는 것은 사실이다. 병에 걸렸을 경우 어떤 조치를 취해야 하는지 가르쳐 주기 때문이다. 그러나 의사가 한 사람 한 사람을 매일 관찰하여 운동량이 적당한가, 식사는 균형이 잡혀 있는가를 체크할 수는 없다. 그런 일은 자기 스스로 해야 한다. 과식, 과음, 운동 부족, 흡연 등 건강을 해치는 원인이 될 만한 습관을 버리기 위해 자기를 단련하는 것이야말로 성공의 첫걸음이다.

건강은 단지 신체뿐 아니라 머리나 마음에도 영향을 미친다. 건강 상태는 사람에 따라 모두 다르기 때문에 몸과 마음의 상태를 최고로 유지하는 데 가장 좋은 방법은 개개인이 발견해야 한다.

성공한 사람일수록 식사 하나에도 세심한 주의를 기울이는 법이다. 영양을 섭취하고 노폐물을 버리는 것은 신체에 중요한 일이다. 영양학에서는 아직 해명되지 않은 분야도 있기는 하지만, 연구가들의 결론이 일치되어 있는 점도 많다. 예컨대 담배가 몸에 해롭다는 것은 흡연이 많은 사람들의 건강을 해치고 있다는 사실이 아니더라도 여러 가지 실험에서 확연히 드러나고 있다.

각성제나 과음이 해로운 것은 말할 필요가 없다. 설탕이나 소금도 지나치게 섭취하면 해가 된다. 당분을 소량이라도 섭취하면 근육의 힘이 금세 약해진다는 연구 결과도 있다. 몸의 컨디션을 좋은 상태로 유지하려면 몇 가지의 비타민, 단백질, 아미노산, 곡물 그리고 섬유질이 필요한 것도 증명된 사실이다. 몸이 비대하면 특히 심장에 해가 되며, 어떤 음식물 예를 들어 육류의 지방이 동맥경화의 원인이 된다는 것도 널리 알려져 있는 사실이다.

의사나 연구가들이 도달한 이 결론을 무시하고 욕심대로 먹고 마시는 것은 어리석은 일이다. 그러나 오트밀이 몸에 좋은가, 비타민 C는 감기 예방이 되는가 하는 것은 전문가들 사이에서도 의견이 일치하지 않으므로 그것을 그대로 받아들이지 말고 자기 몸의 반응을 살피면서 자기 경험에 비추어 결론을 내리는 것이 좋다.

지나치게 비대한 것은 일반적으로 과식하거나 칼로리의 섭취량이 많은 것이 원인인데, 주로 순환기계의 질환을 일으키기 쉽다. 그 양을 줄인다는 것은 어려운 일이며, 줄인 체중을 유지하는 것은 더욱 어려운 일이다. 그러나 그 양을 줄이고 체중을 유지하는 데 성공한 사람도 많다. 그것은 결코 불가능한 일이 아니다.

마이애미 야고브스 전문대학의 학장 대리인 오스턴 해리스는 약 45킬로그램 이상의 체중 감량에 성공했다. 그는 분명한 목적의식을 갖기 위해 냉장고 문에 자기 사진을 붙여 놓기까지 했다. 그는 줄인 체중을 유지하기 위해 몸매가 스마트하게 된 후에도 뚱뚱한 자기 사진을 그대로 붙여 놓았다고 한다. 그가 다이어트하기 위해 한 일은 칼로리를 줄이는 것, 즉 식사량을 줄이는 것이었다.

의학상 특별한 문제가 없을 경우에는 음식을 줄이면 체중이 줄어든다. 그러나 의사와 상담하지 않고 함부로 식사요법을 하는 것은 좋지 않다. 운동도 감량 속도를 빠르게 하지만, 운동만으로는 무리인 경우가 많다. 적극적인 자세로 도전하면 틀림없이 목적 달성을 할 수 있을 것이다.

72

'나이'와 상관없이
새로운 일에 도전하라

일반적으로 성공이란 어떤 행위가 해피엔드로 끝나는 것이라고 생각한다. 성공에 해피엔드는 필수적인 것으로 여기지만, 실제로는 성공이란 결코 끝나지 않는 여행의 도표에 불과하다. '……을 성취했다'고 완료형으로 말할 수 있는 인물은 이미 과거의 성공자이며, 현재에는 아무 자격도 갖고 있지 않다. 그의 활동은 끝난 것이다. 어떤 성공도 영원히 지속되지 않는다.

모험가가 아닌 이상 콜럼부스가 타고 간 작은 배로, 혹은 메이플라워 호(청교도들이 타고 미국으로 건너갔던 배)와 같은 배로 대서양을 횡단하고 싶어하겠는가? 좀더 빨리 목적지에 도착하여 나머지 시간은 유효하게 쓰고 싶어하지 않을까? 라이트 형제도 오늘날까지 살아남아서 화성이나 목성, 아니 더욱 먼 별까지 날아갈 수 있는 로켓을 본다면 자기들의 처녀비행 같은 것은 잊어버릴지도 모른다. 콜럼부스도 청교도들도 라이트 형제도 우리의 역사에는 중요하다. 그러나 시대의 변화는 그들의 성공을 훨씬 초월해 있다. 그것은 그들 자신이 누구보다도 먼저 인정할 것이다.

어떤 성공에도 그것을 능가하는 것이 나타나기 마련이다. 그리고 그 시기는 생각했던 것보다 훨씬 빨리 찾아온다. 그러므로 언제나 새로운 목표와 꿈을 갖지 않으면, 하나의 성공을 하고 난 뒤에 곧 과거의 인물이 되어버린다. 어느 정도의 성공을 거두면 대부분의 사람들은 거기에 머물러 그 명성은 곧 잊혀지고 만다. 그렇지 않았던 사람들의 경우를 몇 가지 들어보겠다.

인디애나 대학의 수영 코치였던 카운셀맨은 58세 때 영국 해협을 헤엄쳐서 최고 연장자의 기록을 세웠다. 50대 전반까지 내셔널 호케리그에서 플레이를 계속한 고리 하우는 자기 나이의 절반밖에 되지 않는 젊은 선수와 싸웠는데 조금도 밀리지 않았다.

샌프란시스코 주립대학의 학장으로 있다가 정년 퇴직한 S. I. 하야카우는 은퇴한 후 70세 때 상원의원이 되었다. 그는 성장에 관한 철학을 갖고 있었다. 그는 이렇게 말하고 있다.

"변화에 대처하지 못하게 되었을 때 비로소 인간은 나이를 먹게 된다고 생각해요. 지금까지 하고 싶어도 시간이 없어서 하지 못했던 일을 정년을 맞게 되면 할 수 있어요. 의욕만 있으면 70세라도 새로운 일에 도전할 수 있어요. 그 의욕이 나를 젊게 만들죠."

이 철학을 실행한 사업가가 로이 스미스이다. 그는 86세에 보험 대리점을 시작하여 5년 후에는 100만 달러 이상의 보험을 취급할 수 있게 되었다. 그는 장수하면서 끝까지 새로운 것을 산출해내었다. 미국의 석유왕 록펠러, 발명가 에디슨 같은 사람들은 자진하여 위험에 뛰어들어 저항을 받으면서 성공했다.

삶이란 우리의 인생앞에 어떤 일이 생기느냐에 따라 결정되는 것이 아니라 우리가 어떤 태도를 취하느냐에 따라 결정되는 것이다.

- 존 호머 밀스

73

변화가 없으면 성장도 없다

인생을 살아가는 데는 늘 변화가 따르기 마련이다. 우리를 둘러싼 환경, 습관, 행동 방법, 사고방식, 신앙, 예의범절 모든 것이 변한다. 우리가 어떻게 변화를 만들어내고, 변화에 어떻게 대처할 것인가, 이것이 성장하느냐 못하느냐의 열쇠라고 말할 수 있다.

모든 것이 끊임없이 변화하고 있는데도 불구하고, 그것을 거역하고 싶어하는 경향은 강하다. 그것은 변화가 인간의 생활이나 활동에 어떤 영향을 끼칠지 모르기 때문일 것이다. 현재 상태에서 어떤 문제가 있더라도 알지 못하는 새로운 일에 도전하기보다는 현상 유지를 하고 싶어한다. 그것이 안전하고 현재까지 해왔던 일이 알기 쉬울 뿐 아니라 대처하기도 쉽다고 느끼기 때문이다.

이 사고방식에 따라 행동하면 어떻게 될까? 변화라는 충격으로부터 가능한한 멀어지려고 한다. 비록 불행하더라도 '안전' 하다고 느끼면 그냥 문제를 안고 살아가려 한다. 즉 해결할 수 있을지도 모르는데 새로운 문제를 일으킬 가능성이 있다는 이유로 무시한 채 소극적인 사고방식에 잠겨버린다.

변화에 동참하는 것은 성장을 의미한다. 변화가 없으면 성장도 없다. 작은 떡잎이 큰 풀이 되고, 봉오리가 꽃을 피우고, 달걀에서 병아리가 부화되고, 어린이가 어른이 되는 것처럼 생명체의 행동은 변화와 성장 그 자체이다. 변화를 받아들여 적응하고 성장을 계속하는 사람이 승리자가 되고 성공자가 된다. 변화에 미처 대응하지 못하는 사람은 성장하지도 못한다. 인생의 절반쯤 살고는 육체적으로나 정신적으로 멸망할 수밖에 없다.

때맞춰 성장하기가 얼마나 어려운지 자연계를 보아도 잘 알 수 있다. 식물은 딱딱한 땅에서 싹이 돋아나 돌멩이들을 밀치고 싹을 성장시켜 꽃을 피운다. 험난한 자연환경이 식물을 단련하여 자라게 한다. 이것을 이겨나갈 힘이 없으면 말라버린다. 식물이 살아가는 목적, 그것은 성장하여 꽃을 피워서 다음 세대로 자손을 남기기 위해 씨앗을 만드는 일이다. 식물은 자손을 영원히 남기기 위해 스스로 험난한 조건에 도전하고 있다. 그것이 '적자' 가 되는 길이다.

인간도 식물과 마찬가지가 아닐까? 큰 목적을 가지고 설사 어려움을 당하더라도 변화에 순응해야 한다. 왜냐하면 그것이 성장이고, 성장은 '적자'가 되기 위한 힘을 제공하기 때문이다.

다만 성장하려는 마음이 안에서 솟아나야 한다. 식물은 스스로 돌멩이를 밀쳐내고 성장한다. 우리 인간도 장애를 이기고 성장해야 하며, 식물처럼 자기 힘으로 그 일을 해내야 한다. 친구나 친지의 격려도 힘이 되지만, 성장하는 것은 어디까지나 자기 자신이며 이 사실을 피해갈 수는 없다.

성장이란 새로운 일을 시도하는 용기와 자신감을 갖는 일이다. 그리고 그 과정에서 나무가 성장하기 위해 낙엽을 땅 위에 떨어뜨리듯이 시대에 뒤떨어지는 낡은 사고는 버려야 한다. 거기에는 위험도 따르고, 때로는 간담이 서늘해지는 일도 없지 않을 것이다. 앞날에 무엇이 자기를 기다리고 있는지 알 수 없다. 그래도 미지의 세계를 탐험하라. 그리고 동시에 재미있다고 생각하는 것, 가슴이 두근거리는 일에 눈길을 돌려라.

전혀 고생하지 않고 성장할 수는 없다. 성장에는 때때로 고통이 따른다. 그렇다면 성장은 그런 고통을 딛고 갈 만한 가치가 있는 것일까? 선택하는 것은 자기 자신이다. 단지 막연히 남에게 의지하여 살 것인가, 고생하면서 성장하여 자기 인생을 힘껏 살아갈 것인가. 어느 쪽을 선택하든 그것은 자신에게 달려 있다.

오늘 하루를 헛되이 살지 않았는가?

황혼의 저녁에 앉아 있다면
오늘 한 일을 기억해 보라.
그리고 생각하며 찾아보라.
듣는 사람의 마음을 편하게 하는
하나의 자제하는 행동과 한마디 말을,
태어난 곳으로부터 떨어지는 햇살 같은
친절한 한 번의 눈짓과 밝은 미소를,
그러면 그대는 잘 보냈다고 여길 것이다.
하지만 긴긴 하루를 보냈음에도
'예', '아니오'로 활기 없이 보냈다면,
하루종일 얼굴에 햇살을 비춰주는
흔적이 남을 아무 일도 하지 않았다면,
한 영혼을 도와준
아주 작은 일 하나도 하지 못했다면,
그날은 잃은 날보다 더 나쁜 날이라고 여겨라.

- 조지 엘리어트(1819~1880)

나는 누구일까요?

- 작자 미상

나는 모든 위대한 사람들의 하인이고
또한 모든 실패한 사람들의 하인입니다.
위대한 사람들은 사실 내가 위대하게 만들어 준 것이지요.

나는 기계가 아닙니다.
기계처럼 정확하고 인간의 지성으로 움직이긴 하지만.
당신은 나를 이용해 이익을 얻을 수도 있고 망해 버릴 수도 있습니다.
그러나 당신이 어떻게 하든 나한테는 별로 상관이 없는 일이죠.

나를 택해 주세요.
나를 길들여 주세요.
엄격하게 대해 주세요.
그러면 세계를 제패하게 해 주겠습니다.
나를 너무 쉽게 대하면, 당신을 파괴할지도 모릅니다.

나는 바로 '습관' 입니다.